FRANCÊS

VOCABULÁRIO

PALAVRAS MAIS ÚTEIS

PORTUGUÊS
FRANCÊS

Para alargar o seu léxico e apurar
as suas competências linguísticas

3000 palavras

Vocabulário Português-Francês - 3000 palavras

Por Andrey Taranov

Os vocabulários da T&P Books destinam-se a ajudar a aprender, a memorizar, e a rever palavras estrangeiras. O dicionário é dividido em temas, cobrindo todas as principais esferas de atividades quotidianas, negócios, ciência, cultura, etc.

O processo de aprendizagem, utilizando os dicionários baseados em temáticas da T&P Books dá-lhe as seguintes vantagens:

- Informação de origem corretamente agrupada predetermina o sucesso em fases subsequentes da memorização de palavras
- Disponibilização de palavras derivadas da mesma raiz, o que permite a memorização de unidades de texto (em vez de palavras separadas)
- Pequenas unidades de palavras facilitam o processo de estabelecimento de vínculos associativos necessários para a consolidação do vocabulário
- O nível de conhecimento da língua pode ser estimado pelo número de palavras aprendidas

T&P Books Publishing
www.tpbooks.com

ISBN: 978-1-78400-969-4

Este livro também está disponível em formato E-book.
Por favor visite www.tpbooks.com ou as principais livrarias on-line.

VOCABULÁRIO FRANCÊS
palavras mais úteis

Os vocabulários da T&P Books destinam-se a ajudar a aprender, a memorizar, e a rever palavras estrangeiras. O vocabulário contém mais de 3000 palavras de uso comum organizadas tematicamente.

O vocabulário contém as palavras mais comummente usadas
Recomendado como adicional para qualquer curso de línguas
Satisfaz as necessidades dos iniciados e dos alunos avançados de línguas estrangeiras
Conveniente para o uso diário, sessões de revisão e atividades de auto-teste
Permite avaliar o seu vocabulário

Características especias do vocabulário

* As palavras estão organizadas de acordo com o seu significado, e não por ordem alfabética
* As palavras são apresentadas em três colunas para facilitar os processos de revisão e auto-teste
* As palavras compostas são divididas em pequenos blocos para facilitar o processo de aprendizagem
* O vocabulário oferece uma transcrição simples e adequada de cada palavra estrangeira

O vocabulário contém 101 tópicos incluindo:

Conceitos básicos, Números, Cores, Meses, Estações do ano, Unidades de medida, Roupas & Acessórios, Alimentos & Nutrição, Restaurante, Membros da Família, Parentes, Caráter, Sentimentos, Emoções, Doenças, Cidade, Passeios, Compras, Dinheiro, Casa, Lar, Escritório, Trabalho no Escritório, Importação & Exportação, Marketing, Pesquisa de Emprego, Desportos, Educação, Computador, Internet, Ferramentas, Natureza, Países, Nacionalidades e muito mais ...

TABELA DE CONTEÚDOS

GUIA DE PRONUNCIAÇÃO

Letra	Exemplo Francês	Alfabeto fonético T&P	Exemplo Português

Vogais

Letra	Exemplo Francês	Alfabeto fonético	Exemplo Português
A a	cravate	[a]	chamar
E e	mer	[ɛ]	mesquita
I i [1]	hier	[j]	géiser
I i [2]	musique	[i]	sinónimo
O o	porte	[o], [ɔ]	noite
U u	rue	[y]	questionar
Y y [3]	yacht	[j]	géiser
Y y [4]	type	[i]	sinónimo

Consoantes

Letra	Exemplo Francês	Alfabeto fonético	Exemplo Português
B b	robe	[b]	barril
C c [5]	place	[s]	sanita
C c [6]	canard	[k]	kiwi
Ç ç	leçon	[s]	sanita
D d	disque	[d]	dentista
F f	femme	[f]	safári
G g [7]	page	[ʒ]	talvez
G g [8]	gare	[g]	gosto
H h	héros	[h]	[h] mudo
J j	jour	[ʒ]	talvez
K k	kilo	[k]	kiwi
L l	aller	[l]	libra
M m	maison	[m]	magnólia
N n	nom	[n]	natureza
P p	papier	[p]	presente
Q q	cinq	[k]	kiwi
R r	mars	[r]	[r] vibrante
S s [9]	raison	[z]	sésamo
S s [10]	sac	[s]	sanita
T t	table	[t]	tulipa
V v	verre	[v]	fava
W w	Taïwan	[w]	página web
X x [11]	expliquer	[ks]	perplexo
X x [12]	exact	[gz]	Yangtzé
X x [13]	dix	[s]	sanita

Letra	Exemplo Francês	Alfabeto fonético T&P	Exemplo Português
X x [14]	dixième	[z]	sésamo
Z z	zéro	[z]	sésamo

Combinações de letras

ai	faire	[ɛ]	mesquita
au	faute	[o], [oː]	noite
ay	payer	[eɪ]	seis
ei	treize	[ɛ]	mesquita
eau	eau	[o], [oː]	noite
eu	beurre	[ø]	orgulhoso
œ	œil	[ø]	orgulhoso
œu	cœur	[øː]	orgulhoso
ou	nous	[u]	bonita
oi	noir	[wa]	Taiwan
oy	voyage	[wa]	Taiwan
qu	quartier	[k]	kiwi
ch	chat	[ʃ]	mês
th	thé	[t]	tulipa
ph	photo	[f]	safári
gu [15]	guerre	[g]	gosto
ge [16]	géographie	[ʒ]	talvez
gn	ligne	[ɲ]	ninhada
on, om	maison, nom	[ɔ̃]	anaconda

Comentários

[1] antes de vogais
[2] noutras situações
[3] antes de vogais
[4] noutras situações
[5] antes de e, i, y
[6] noutras situações
[7] antes de e, i, y
[8] noutras situações
[9] entre duas vogais
[10] noutras situações
[11] na maioria dos casos
[12] raramente
[13] em dix, six, soixante
[14] em dixième, sixième
[15] antes de e, i, u
[16] antes de a, o, y

ABREVIATURAS
usadas no vocabulário

Abreviaturas do Português

adj	-	adjetivo
adv	-	advérbio
anim.	-	animado
conj.	-	conjunção
desp.	-	desporto
etc.	-	etecetra
ex.	-	por exemplo
f	-	nome feminino
f pl	-	feminino plural
fem.	-	feminino
inanim.	-	inanimado
m	-	nome masculino
m pl	-	masculino plural
m, f	-	masculino, feminino
masc.	-	masculino
mat.	-	matemática
mil.	-	militar
pl	-	plural
prep.	-	preposição
pron.	-	pronome
sb.	-	sobre
sing.	-	singular
v aux	-	verbo auxiliar
vi	-	verbo intransitivo
vi, vt	-	verbo intransitivo, transitivo
vr	-	verbo reflexivo
vt	-	verbo transitivo

Abreviaturas do Francês

adj	-	adjetivo
adv	-	advérbio
conj	-	conjunção
etc.	-	etecetra
f	-	nome feminino
f pl	-	feminino plural
m	-	nome masculino
m pl	-	masculino plural

m, f	-	masculino, feminino
pl	-	plural
prep	-	preposição
pron	-	pronome
v aux	-	verbo auxiliar
v imp	-	verbo impessoal
vi	-	verbo intransitivo
vi, vt	-	verbo intransitivo, transitivo
vp	-	verbo pronominal
vt	-	verbo transitivo

CONCEITOS BÁSICOS

1. Pronomes

eu	je	[ʒə]
tu	tu	[ty]
ele	il	[il]
ela	elle	[ɛl]
ele, ela (neutro)	ça	[sa]
nós	nous	[nu]
vocês	vous	[vu]
eles	ils	[il]
elas	elles	[ɛl]

2. Cumprimentos. Saudações

Olá!	Bonjour!	[bõʒur]
Bom dia! (formal)	Bonjour!	[bõʒur]
Bom dia! (de manhã)	Bonjour!	[bõʒur]
Boa tarde!	Bonjour!	[bõʒur]
Boa noite!	Bonsoir!	[bõswar]
cumprimentar (vt)	dire bonjour	[dir bõʒur]
Olá!	Salut!	[saly]
saudação (f)	salut (m)	[saly]
saudar (vt)	saluer (vt)	[salɥe]
Como vai?	Comment allez-vous?	[kɔmãtalevu]
Como vais?	Comment ça va?	[kɔmã sa va]
O que há de novo?	Quoi de neuf?	[kwa də nœf]
Até à vista!	Au revoir!	[orəvwar]
Até breve!	À bientôt!	[ɑ bjɛ̃to]
Adeus!	Adieu!	[adjø]
despedir-se (vr)	dire au revoir	[dir ərəvwar]
Até logo!	Salut!	[saly]
Obrigado! -a!	Merci!	[mɛrsi]
Muito obrigado! -a!	Merci beaucoup!	[mɛrsi boku]
De nada	Je vous en prie	[ʒə vuzɑ̃pri]
Não tem de quê	Il n'y a pas de quoi	[il njapɑ də kwa]
De nada	Pas de quoi	[pɑ də kwa]
Desculpa!	Excuse-moi!	[ɛkskyz mwa]
Desculpe!	Excusez-moi!	[ɛkskyze mwa]
desculpar (vt)	excuser (vt)	[ɛkskyze]
desculpar-se (vr)	s'excuser (vp)	[sɛkskyze]

As minhas desculpas	Mes excuses	[me zɛkskyz]
Desculpe!	Pardonnez-moi!	[pardɔne mwa]
perdoar (vt)	pardonner (vt)	[pardɔne]
Não faz mal	C'est pas grave	[sepagrav]
por favor	s'il vous plaît	[silvuple]

Não se esqueça!	N'oubliez pas!	[nublije pɑ]
Certamente! Claro!	Bien sûr!	[bjɛ̃ sy:r]
Claro que não!	Bien sûr que non!	[bjɛ̃ syr kə nɔ̃]
Está bem! De acordo!	D'accord!	[dakɔr]
Basta!	Ça suffit!	[sa syfi]

3. Questões

Quem?	Qui?	[ki]
Que?	Quoi?	[kwa]
Onde?	Où?	[u]
Para onde?	Où?	[u]
De onde?	D'où?	[du]
Quando?	Quand?	[kɑ̃]
Para quê?	Pourquoi?	[purkwa]
Porquê?	Pourquoi?	[purkwa]

Para quê?	À quoi bon?	[ɑ kwa bɔ̃]
Como?	Comment?	[kɔmɑ̃]
Qual?	Quel?	[kɛl]
Qual? (entre dois ou mais)	Lequel?	[ləkɛl]

A quem?	À qui?	[ɑ ki]
Sobre quem?	De qui?	[də ki]
Do quê?	De quoi?	[də kwa]
Com quem?	Avec qui?	[avɛk ki]

| Quanto, -os, -as? | Combien? | [kɔ̃bjɛ̃] |
| De quem? (masc.) | À qui? | [ɑ ki] |

4. Preposições

com (prep.)	avec ... (prep)	[avɛk]
sem (prep.)	sans ... (prep)	[sɑ̃]
a, para (exprime lugar)	à ... (prep)	[ɑ]
sobre (ex. falar ~)	de ... (prep)	[də]
antes de ...	avant ... (prep)	[avɑ̃]
diante de ...	devant ... (prep)	[dəvɑ̃]

sob (debaixo de)	sous ... (prep)	[su]
sobre (em cima de)	au-dessus de ... (prep)	[odsy də]
sobre (~ a mesa)	sur ... (prep)	[syr]
de (vir ~ Lisboa)	de ... (prep)	[də]
de (feito ~ pedra)	en ... (prep)	[ɑ̃]
dentro de (~ dez minutos)	dans ... (prep)	[dɑ̃]
por cima de ...	par dessus ... (prep)	[par dəsy]

5. Palavras funcionais. Advérbios. Parte 1

Onde?	Où?	[u]
aqui	ici (adv)	[isi]
lá, ali	là-bas (adv)	[laba]
em algum lugar	quelque part (adv)	[kɛlkə par]
em lugar nenhum	nulle part (adv)	[nyl par]
ao pé de ...	près de ... (prep)	[prɛ də]
ao pé da janela	près de la fenêtre	[prɛdə la fənɛtr]
Para onde?	Où?	[u]
para cá	ici (adv)	[isi]
para lá	là-bas (adv)	[laba]
daqui	d'ici (adv)	[disi]
de lá, dali	de là-bas (adv)	[də laba]
perto	près (adv)	[prɛ]
longe	loin (adv)	[lwɛ̃]
perto de ...	près de ...	[prɛ də]
ao lado de	tout près (adv)	[tu prɛ]
perto, não fica longe	pas loin (adv)	[pɑ lwɛ̃]
esquerdo	gauche (adj)	[goʃ]
à esquerda	à gauche (adv)	[agoʃ]
para esquerda	à gauche (adv)	[agoʃ]
direito	droit (adj)	[drwa]
à direita	à droite (adv)	[adrwat]
para direita	à droite (adv)	[adrwat]
à frente	devant (adv)	[dəvɑ̃]
da frente	de devant (adj)	[də dəvɑ̃]
em frente (para a frente)	en avant (adv)	[ɑn avɑ̃]
atrás de ...	derrière (adv)	[dɛrjɛr]
por detrás (vir ~)	par derrière (adv)	[par dɛrjɛr]
para trás	en arrière (adv)	[ɑn arjɛr]
meio (m), metade (f)	milieu (m)	[miljø]
no meio	au milieu (adv)	[omiljø]
de lado	de côté (adv)	[də kote]
em todo lugar	partout (adv)	[partu]
ao redor (olhar ~)	autour (adv)	[otur]
de dentro	de l'intérieur	[də lɛ̃terjœr]
para algum lugar	quelque part (adv)	[kɛlkə par]
diretamente	tout droit (adv)	[tu drwa]
de volta	en arrière (adv)	[ɑn arjɛr]
de algum lugar	de quelque part	[də kɛlkə par]
de um lugar	de quelque part	[də kɛlkə par]

em primeiro lugar	premièrement (adv)	[prəmjɛrmã]
em segundo lugar	deuxièmement (adv)	[døzjɛmmã]
em terceiro lugar	troisièmement (adv)	[trwazjɛmmã]

de repente	soudain (adv)	[sudɛ̃]
no início	au début (adv)	[odeby]
pela primeira vez	pour la première fois	[pur la prəmjɛr fwa]
muito antes de ...	bien avant ...	[bjɛn avã]
de novo, novamente	de nouveau (adv)	[də nuvo]
para sempre	pour toujours (adv)	[pur tuʒur]

nunca	jamais (adv)	[ʒamɛ]
de novo	de nouveau, encore (adv)	[də nuvo], [ãkɔr]
agora	maintenant (adv)	[mɛ̃tnã]
frequentemente	souvent (adv)	[suvã]
então	alors (adv)	[alɔr]
urgentemente	d'urgence (adv)	[dyrʒãs]
usualmente	d'habitude (adv)	[dabityd]

a propósito, ...	à propos, ...	[apropo]
é possível	c'est possible	[sepɔsibl]
provavelmente	probablement (adv)	[prɔbabləmã]
talvez	peut-être (adv)	[pøtɛtr]
além disso, ...	en plus, ...	[ãplys]
por isso ...	c'est pourquoi ...	[se purkwa]
apesar de ...	malgré ...	[malgre]
graças a ...	grâce à ...	[gras ɑ]

que (pron.)	quoi (pron)	[kwa]
que (conj.)	que (conj)	[kə]
algo	quelque chose (pron)	[kɛlkə ʃoz]
alguma coisa	quelque chose (pron)	[kɛlkə ʃoz]
nada	rien	[rjɛ̃]

quem	qui (pron)	[ki]
alguém (~ teve uma ideia ...)	quelqu'un (pron)	[kɛlkœ̃]
alguém	quelqu'un (pron)	[kɛlkœ̃]

ninguém	personne (pron)	[pɛrsɔn]
para lugar nenhum	nulle part (adv)	[nyl par]
de ninguém	de personne	[də pɛrsɔn]
de alguém	de n'importe qui	[də nɛ̃port ki]

tão	comme ça (adv)	[kɔmsa]
também (gostaria ~ de ...)	également (adv)	[egalmã]
também (~ eu)	aussi (adv)	[osi]

6. Palavras funcionais. Advérbios. Parte 2

Porquê?	Pourquoi?	[purkwa]
por alguma razão	pour une certaine raison	pur yn sɛrtɛn rɛzɔ̃]
porque ...	parce que ...	[parskə]
por qualquer razão	pour une raison quelconque	[pur yn rɛzɔ̃ kɛlkɔ̃k]

e (tu ~ eu)	et (conj)	[e]
ou (ser ~ não ser)	ou (conj)	[u]
mas (porém)	mais (conj)	[mɛ]
para (~ a minha mãe)	pour ... (prep)	[pur]

demasiado, muito	trop (adv)	[tro]
só, somente	seulement (adv)	[sœlmã]
exatamente	précisément (adv)	[presizemã]
cerca de (~ 10 kg)	près de ... (prep)	[prɛ də]

aproximadamente	approximativement	[aprɔksimativmã]
aproximado	approximatif (adj)	[aprɔksimatif]
quase	presque (adv)	[prɛsk]
resto (m)	reste (m)	[rɛst]

o outro (segundo)	l'autre (adj)	[lotr]
outro	autre (adj)	[otr]
cada	chaque (adj)	[ʃak]
qualquer	n'importe quel (adj)	[nɛ̃pɔrt kɛl]
muito	beaucoup (adv)	[boku]
muitas pessoas	beaucoup de gens	[boku də ʒã]
todos	tous	[tus]

em troca de ...	en échange de ...	[an eʃãʒ də ...]
em troca	en échange (adv)	[an eʃãʒ]
à mão	à la main (adv)	[alamɛ̃]
pouco provável	peu probable	[pø prɔbabl]

provavelmente	probablement (adv)	[prɔbabləmã]
de propósito	exprès (adv)	[ɛksprɛ]
por acidente	par accident (adv)	[par aksidã]

muito	très (adv)	[trɛ]
por exemplo	par exemple (adv)	[par ɛgzãp]
entre	entre ... (prep)	[ãtr]
entre (no meio de)	parmi ... (prep)	[parmi]
tanto	autant (adv)	[otã]
especialmente	surtout (adv)	[syrtu]

NÚMEROS. DIVERSOS

7. Números cardinais. Parte 1

zero	**zéro**	[zero]
um	**un**	[œ̃]
dois	**deux**	[dø]
três	**trois**	[trwa]
quatro	**quatre**	[katr]
cinco	**cinq**	[sɛ̃k]
seis	**six**	[sis]
sete	**sept**	[sɛt]
oito	**huit**	[ɥit]
nove	**neuf**	[nœf]
dez	**dix**	[dis]
onze	**onze**	[ɔ̃z]
doze	**douze**	[duz]
treze	**treize**	[trɛz]
catorze	**quatorze**	[katɔrz]
quinze	**quinze**	[kɛ̃z]
dezasseis	**seize**	[sɛz]
dezassete	**dix-sept**	[disɛt]
dezoito	**dix-huit**	[dizɥit]
dezanove	**dix-neuf**	[diznœf]
vinte	**vingt**	[vɛ̃]
vinte e um	**vingt et un**	[vɛ̃teœ̃]
vinte e dois	**vingt-deux**	[vɛ̃tdø]
vinte e três	**vingt-trois**	[vɛ̃trwa]
trinta	**trente**	[trɑ̃t]
trinta e um	**trente et un**	[trɑ̃teœ̃]
trinta e dois	**trente-deux**	[trɑ̃t dø]
trinta e três	**trente-trois**	[trɑ̃t trwa]
quarenta	**quarante**	[karɑ̃t]
quarenta e um	**quarante et un**	[karɑ̃teœ̃]
quarenta e dois	**quarante-deux**	[karɑ̃t dø]
quarenta e três	**quarante-trois**	[karɑ̃t trwa]
cinquenta	**cinquante**	[sɛ̃kɑ̃t]
cinquenta e um	**cinquante et un**	[sɛ̃kɑ̃teœ̃]
cinquenta e dois	**cinquante-deux**	[sɛ̃kɑ̃t dø]
cinquenta e três	**cinquante-trois**	[sɛ̃kɑ̃t trwa]
sessenta	**soixante**	[swasɑ̃t]
sessenta e um	**soixante et un**	[swasɑ̃teœ̃]

| sessenta e dois | soixante-deux | [swasãt dø] |
| sessenta e três | soixante-trois | [swasãt trwa] |

setenta	soixante-dix	[swasãtdis]
setenta e um	soixante et onze	[swasãte ɔ̃z]
setenta e dois	soixante-douze	[swasãt duz]
setenta e três	soixante-treize	[swasãt trɛz]

oitenta	quatre-vingts	[katrəvɛ̃]
oitenta e um	quatre-vingt et un	[katrəvɛ̃teœ̃]
oitenta e dois	quatre-vingt deux	[katrəvɛ̃ dø]
oitenta e três	quatre-vingt trois	[katrəvɛ̃ trwa]

noventa	quatre-vingt-dix	[katrəvɛ̃dis]
noventa e um	quatre-vingt et onze	[katrəvɛ̃ teɔ̃z]
noventa e dois	quatre-vingt-douze	[katrəvɛ̃ duz]
noventa e três	quatre-vingt-treize	[katrəvɛ̃ trɛz]

8. Números cardinais. Parte 2

cem	cent	[sã]
duzentos	deux cents	[dø sã]
trezentos	trois cents	[trwa sã]
quatrocentos	quatre cents	[katr sã]
quinhentos	cinq cents	[sɛ̃k sã]

seiscentos	six cents	[si sã]
setecentos	sept cents	[sɛt sã]
oitocentos	huit cents	[ɥi sã]
novecentos	neuf cents	[nœf sã]

mil	mille	[mil]
dois mil	deux mille	[dø mil]
De quem são ...?	trois mille	[trwa mil]
dez mil	dix mille	[di mil]
cem mil	cent mille	[sã mil]
um milhão	million (m)	[miljɔ̃]
mil milhões	milliard (m)	[miljar]

9. Números ordinais

primeiro	premier (adj)	[prəmje]
segundo	deuxième (adj)	[døzjɛm]
terceiro	troisième (adj)	[trwazjɛm]
quarto	quatrième (adj)	[katrijɛm]
quinto	cinquième (adj)	[sɛ̃kjɛm]

sexto	sixième (adj)	[sizjɛm]
sétimo	septième (adj)	[sɛtjɛm]
oitavo	huitième (adj)	[ɥitjɛm]
nono	neuvième (adj)	[nœvjɛm]
décimo	dixième (adj)	[dizjɛm]

CORES. UNIDADES DE MEDIDA

10. Cores

cor (f)	couleur (f)	[kulœr]
matiz (m)	teinte (f)	[tɛ̃t]
tom (m)	ton (m)	[tɔ̃]
arco-íris (m)	arc-en-ciel (m)	[arkɑ̃sjɛl]
branco	blanc (adj)	[blɑ̃]
preto	noir (adj)	[nwar]
cinzento	gris (adj)	[gri]
verde	vert (adj)	[vɛr]
amarelo	jaune (adj)	[ʒon]
vermelho	rouge (adj)	[ruʒ]
azul	bleu (adj)	[blø]
azul claro	bleu clair (adj)	[blø klɛr]
rosa	rose (adj)	[roz]
laranja	orange (adj)	[ɔrɑ̃ʒ]
violeta	violet (adj)	[vjɔlɛ]
castanho	brun (adj)	[brœ̃]
dourado	d'or (adj)	[dɔr]
prateado	argenté (adj)	[arʒɑ̃te]
bege	beige (adj)	[bɛʒ]
creme	crème (adj)	[krɛm]
turquesa	turquoise (adj)	[tyrkwaz]
vermelho cereja	rouge cerise (adj)	[ruʒ səriz]
lilás	lilas (adj)	[lila]
carmesim	framboise (adj)	[frɑ̃bwaz]
claro	clair (adj)	[klɛr]
escuro	foncé (adj)	[fɔ̃se]
vivo	vif (adj)	[vif]
de cor	de couleur (adj)	[də kulœr]
a cores	en couleurs (adj)	[ɑ̃ kulœr]
preto e branco	noir et blanc (adj)	[nwar e blɑ̃]
unicolor	unicolore (adj)	[ynikɔlɔr]
multicor	multicolore (adj)	[myltikɔlɔr]

11. Unidades de medida

peso (m)	poids (m)	[pwa]
comprimento (m)	longueur (f)	[lɔ̃gœr]

largura (f)	largeur (f)	[larʒœr]
altura (f)	hauteur (f)	[otœr]
profundidade (f)	profondeur (f)	[prɔfõdœr]
volume (m)	volume (m)	[vɔlym]
área (f)	aire (f)	[ɛr]

grama (m)	gramme (m)	[gram]
miligrama (m)	milligramme (m)	[miligram]
quilograma (m)	kilogramme (m)	[kilɔgram]
tonelada (f)	tonne (f)	[tɔn]
libra (453,6 gramas)	livre (f)	[livr]
onça (f)	once (f)	[õs]

metro (m)	mètre (m)	[mɛtr]
milímetro (m)	millimètre (m)	[milimɛtr]
centímetro (m)	centimètre (m)	[sãtimɛtr]
quilómetro (m)	kilomètre (m)	[kilɔmɛtr]
milha (f)	mille (m)	[mil]

polegada (f)	pouce (m)	[pus]
pé (304,74 mm)	pied (m)	[pje]
jarda (914,383 mm)	yard (m)	[jard]

metro (m) quadrado	mètre (m) carré	[mɛtr kare]
hectare (m)	hectare (m)	[ɛktar]

litro (m)	litre (m)	[litr]
grau (m)	degré (m)	[dəgre]
volt (m)	volt (m)	[vɔlt]
ampere (m)	ampère (m)	[ãpɛr]
cavalo-vapor (m)	cheval-vapeur (m)	[ʃəvalvapœr]

quantidade (f)	quantité (f)	[kãtite]
um pouco de ...	un peu de ...	[œ̃ pø də]
metade (f)	moitié (f)	[mwatje]
dúzia (f)	douzaine (f)	[duzɛn]
peça (f)	pièce (f)	[pjɛs]

dimensão (f)	dimension (f)	[dimãsjõ]
escala (f)	échelle (f)	[eʃɛl]

mínimo	minimal (adj)	[minimal]
menor, mais pequeno	le plus petit (adj)	[lə ply pəti]
médio	moyen (adj)	[mwajɛ̃]
máximo	maximal (adj)	[maksimal]
maior, mais grande	le plus grand (adj)	[lə ply grã]

12. Recipientes

boião (m) de vidro	bocal (m) en verre	[bɔkal ã vɛr]
lata (~ de cerveja)	boîte, canette (f)	[bwat], [kanɛt]
balde (m)	seau (m)	[so]
barril (m)	tonneau (m)	[tɔno]
bacia (~ de plástico)	bassine, cuvette (f)	[basin], [kyvɛt]

tanque (m)	cuve (f)	[kyv]
cantil (m) de bolso	flasque (f)	[flask]
bidão (m) de gasolina	jerrican (m)	[ʒerikan]
cisterna (f)	citerne (f)	[sitɛrn]
caneca (f)	tasse (f), mug (m)	[tɑs], [mʌg]
chávena (f)	tasse (f)	[tɑs]
pires (m)	soucoupe (f)	[sukup]
copo (m)	verre (m)	[vɛr]
taça (f) de vinho	verre (m) à vin	[vɛr a vɛ̃]
panela, caçarola (f)	faitout (m)	[fɛtu]
garrafa (f)	bouteille (f)	[butɛj]
gargalo (m)	goulot (m)	[gulo]
jarro, garrafa (f)	carafe (f)	[karaf]
jarro (m) de barro	pichet (m)	[piʃɛ]
recipiente (m)	récipient (m)	[resipjɑ̃]
pote (m)	pot (m)	[po]
vaso (m)	vase (m)	[vaz]
frasco (~ de perfume)	flacon (m)	[flakɔ̃]
frasquinho (ex. ~ de iodo)	fiole (f)	[fjɔl]
tubo (~ de pasta dentífrica)	tube (m)	[tyb]
saca (ex. ~ de açúcar)	sac (m)	[sak]
saco (~ de plástico)	sac (m)	[sak]
maço (m)	paquet (m)	[pakɛ]
caixa (~ de sapatos, etc.)	boîte (f)	[bwat]
caixa (~ de madeira)	caisse (f)	[kɛs]
cesta (f)	panier (m)	[panje]

VERBOS PRINCIPAIS

13. Os verbos mais importantes. Parte 1

abrir (vt)	ouvrir (vt)	[uvrir]
acabar, terminar (vt)	finir (vt)	[finir]
aconselhar (vt)	conseiller (vt)	[kõseje]
adivinhar (vt)	deviner (vt)	[dəvine]
advertir (vt)	avertir (vt)	[avɛrtir]
ajudar (vt)	aider (vt)	[ede]
almoçar (vi)	déjeuner (vi)	[deʒœne]
alugar (~ um apartamento)	louer (vt)	[lwe]
amar (vt)	aimer (vt)	[eme]
ameaçar (vt)	menacer (vt)	[mənase]
anotar (escrever)	prendre en note	[prãdr ã nɔt]
apanhar (vt)	attraper (vt)	[atrape]
apressar-se (vr)	être pressé	[ɛtr prese]
arrepender-se (vr)	regretter (vt)	[rəgrɛte]
assinar (vt)	signer (vt)	[siɲe]
atirar, disparar (vi)	tirer (vi)	[tire]
brincar (vi)	plaisanter (vi)	[plɛzãte]
brincar, jogar (crianças)	jouer (vt)	[ʒwe]
buscar (vt)	chercher (vt)	[ʃɛrʃe]
caçar (vi)	chasser (vi, vt)	[ʃase]
cair (vi)	tomber (vi)	[tõbe]
cavar (vt)	creuser (vt)	[krøze]
cessar (vt)	cesser (vt)	[sese]
chamar (~ por socorro)	appeler (vt)	[aple]
chegar (vi)	venir (vi)	[vənir]
chorar (vi)	pleurer (vi)	[plœre]
começar (vt)	commencer (vt)	[kɔmãse]
comparar (vt)	comparer (vt)	[kõpare]
compreender (vt)	comprendre (vt)	[kõprãdr]
concordar (vi)	être d'accord	[ɛtr dakɔr]
confiar (vt)	avoir confiance	[avwar kõfjãs]
confundir (equivocar-se)	confondre (vt)	[kõfõdr]
conhecer (vt)	connaître (vt)	[kɔnɛtr]
contar (fazer contas)	compter (vi, vt)	[kõte]
contar com (esperar)	compter sur ...	[kõte syr]
continuar (vt)	continuer (vt)	[kõtinɥe]
controlar (vt)	contrôler (vt)	[kõtrole]
convidar (vt)	inviter (vt)	[ẽvite]
correr (vi)	courir (vt)	[kurir]

| criar (vt) | créer (vt) | [kree] |
| custar (vt) | coûter (vt) | [kute] |

14. Os verbos mais importantes. Parte 2

dar (vt)	donner (vt)	[dɔne]
dar uma dica	donner un indice	[dɔne ynɛ̃dis]
decorar (enfeitar)	décorer (vt)	[dekɔre]
defender (vt)	défendre (vt)	[defɑ̃dr]
deixar cair (vt)	faire tomber	[fɛr tɔ̃be]
descer (para baixo)	descendre (vi)	[desɑ̃dr]
desculpar (vt)	excuser (vt)	[ɛkskyze]
desculpar-se (vr)	s'excuser (vp)	[sɛkskyze]
dirigir (~ uma empresa)	diriger (vt)	[diriʒe]
discutir (notícias, etc.)	discuter (vt)	[diskyte]
dizer (vt)	dire (vt)	[dir]

duvidar (vt)	douter (vt)	[dute]
encontrar (achar)	trouver (vt)	[truve]
enganar (vt)	tromper (vt)	[trɔ̃pe]
entrar (na sala, etc.)	entrer (vi)	[ɑ̃tre]
enviar (uma carta)	envoyer (vt)	[ɑ̃vwaje]

errar (equivocar-se)	se tromper (vp)	[sə trɔ̃pe]
escolher (vt)	choisir (vt)	[ʃwazir]
esconder (vt)	cacher (vt)	[kaʃe]
escrever (vt)	écrire (vt)	[ekrir]
esperar (o autocarro, etc.)	attendre (vt)	[atɑ̃dr]

esperar (ter esperança)	espérer (vi)	[ɛspere]
esquecer (vt)	oublier (vt)	[ublije]
estudar (vt)	étudier (vt)	[etydje]
exigir (vt)	exiger (vt)	[ɛgziʒe]
existir (vi)	exister (vi)	[ɛgziste]

explicar (vt)	expliquer (vt)	[ɛksplike]
falar (vi)	parler (vi, vt)	[parle]
faltar (clases, etc.)	manquer (vt)	[mɑ̃ke]
fazer (vt)	faire (vt)	[fɛr]
ficar em silêncio	rester silencieux	[rɛste silɑ̃sjø]
gabar-se, jactar-se (vr)	se vanter (vp)	[sə vɑ̃te]

gostar (apreciar)	plaire (vt)	[plɛr]
gritar (vi)	crier (vi)	[krije]
guardar (cartas, etc.)	garder (vt)	[garde]

| informar (vt) | informer (vt) | [ɛ̃fɔrme] |
| insistir (vi) | insister (vi) | [ɛ̃siste] |

insultar (vt)	insulter (vt)	[ɛ̃sylte]
interessar-se (vr)	s'intéresser (vp)	[sɛ̃terese]
ir (a pé)	aller (vi)	[ale]
ir nadar	se baigner (vp)	[sə beɲe]
jantar (vi)	dîner (vi)	[dine]

15. Os verbos mais importantes. Parte 3

ler (vt)	lire (vi, vt)	[lir]
libertar (cidade, etc.)	libérer (vt)	[libere]
matar (vt)	tuer (vt)	[tɥe]
mencionar (vt)	mentionner (vt)	[mɑ̃sjɔne]
mostrar (vt)	montrer (vt)	[mɔ̃tre]

mudar (modificar)	changer (vt)	[ʃɑ̃ʒe]
nadar (vi)	nager (vi)	[naʒe]
negar-se a …	se refuser (vp)	[sə rəfyze]
objetar (vt)	objecter (vt)	[ɔbʒɛkte]

observar (vt)	observer (vt)	[ɔpsɛrve]
ordenar (mil.)	ordonner (vt)	[ɔrdɔne]
ouvir (vt)	entendre (vt)	[ɑ̃tɑ̃dr]
pagar (vt)	payer (vi, vt)	[peje]
parar (vi)	s'arrêter (vp)	[sarete]

participar (vi)	participer à …	[partisipe a]
pedir (comida)	commander (vt)	[kɔmɑ̃de]
pedir (um favor, etc.)	demander (vt)	[dəmɑ̃de]
pegar (tomar)	prendre (vt)	[prɑ̃dr]
pensar (vt)	penser (vi, vt)	[pɑ̃se]

perceber (ver)	apercevoir (vt)	[apɛrsəvwar]
perdoar (vt)	pardonner (vt)	[pardɔne]
perguntar (vt)	demander (vt)	[dəmɑ̃de]
permitir (vt)	permettre (vt)	[pɛrmɛtr]
pertencer a …	appartenir à …	[apartənir a]

planear (vt)	planifier (vt)	[planifje]
poder (vi)	pouvoir (v aux)	[puvwar]
possuir (vt)	posséder (vt)	[pɔsede]
preferir (vt)	préférer (vt)	[prefere]
preparar (vt)	préparer (vt)	[prepare]

prever (vt)	prévoir (vt)	[prevwar]
prometer (vt)	promettre (vt)	[prɔmɛtr]
pronunciar (vt)	prononcer (vt)	[prɔnɔ̃se]
propor (vt)	proposer (vt)	[prɔpoze]
punir (castigar)	punir (vt)	[pynir]

16. Os verbos mais importantes. Parte 4

queixar-se (vr)	se plaindre (vp)	[sə plɛ̃dr]
querer (desejar)	vouloir (vt)	[vulwar]
recomendar (vt)	recommander (vt)	[rəkɔmɑ̃de]
repetir (dizer outra vez)	répéter (vt)	[repete]

repreender (vt)	gronder (vt), réprimander (vt)	[grɔ̃de], [reprimɑ̃de]
reservar (~ um quarto)	réserver (vt)	[rezɛrve]
responder (vt)	répondre (vi, vt)	[repɔ̃dr]

rezar, orar (vi)	prier (vt)	[prije]
rir (vi)	rire (vi)	[rir]

roubar (vt)	voler (vt)	[vɔle]
saber (vt)	savoir (vt)	[savwar]
sair (~ de casa)	sortir (vi)	[sɔrtir]
salvar (vt)	sauver (vt)	[sove]
seguir ...	suivre (vt)	[sɥivr]

sentar-se (vr)	s'asseoir (vp)	[saswar]
ser necessário	être nécessaire	[ɛtr nesesɛr]
ser, estar	être (vi)	[ɛtr]
significar (vt)	signifier (vt)	[siɲifje]

sorrir (vi)	sourire (vi)	[surir]
subestimar (vt)	sous-estimer (vt)	[suzɛstime]
surpreender-se (vr)	s'étonner (vp)	[setɔne]
tentar (vt)	essayer (vt)	[eseje]

ter (vt)	avoir (vt)	[avwar]
ter fome	avoir faim	[avwar fɛ̃]
ter medo	avoir peur	[avwar pœr]
ter sede	avoir soif	[avwar swaf]

tocar (com as mãos)	toucher (vt)	[tuʃe]
tomar o pequeno-almoço	prendre le petit déjeuner	[prɑ̃dr ləpti deʒœne]
trabalhar (vi)	travailler (vi)	[travaje]
traduzir (vt)	traduire (vt)	[tradɥir]
unir (vt)	réunir (vt)	[reynir]

vender (vt)	vendre (vt)	[vɑ̃dr]
ver (vt)	voir (vt)	[vwar]
virar (ex. ~ à direita)	tourner (vi)	[turne]
voar (vi)	voler (vi)	[vɔle]

TEMPO. CALENDÁRIO

17. Dias da semana

segunda-feira (f)	lundi (m)	[lœ̃di]
terça-feira (f)	mardi (m)	[mardi]
quarta-feira (f)	mercredi (m)	[mɛrkrədi]
quinta-feira (f)	jeudi (m)	[ʒødi]
sexta-feira (f)	vendredi (m)	[vɑ̃drədi]
sábado (m)	samedi (m)	[samdi]
domingo (m)	dimanche (m)	[dimɑ̃ʃ]
hoje	aujourd'hui (adv)	[oʒurdɥi]
amanhã	demain (adv)	[dəmɛ̃]
depois de amanhã	après-demain (adv)	[aprɛdmɛ̃]
ontem	hier (adv)	[ijɛr]
anteontem	avant-hier (adv)	[avɑ̃tjɛr]
dia (m)	jour (m)	[ʒur]
dia (m) de trabalho	jour (m) ouvrable	[ʒur uvrabl]
feriado (m)	jour (m) férié	[ʒur ferje]
dia (m) de folga	jour (m) de repos	[ʒur də rəpo]
fim (m) de semana	week-end (m)	[wikɛnd]
o dia todo	toute la journée	[tut la ʒurne]
no dia seguinte	le lendemain	[lɑ̃dmɛ̃]
há dois dias	il y a 2 jours	[ilja də ʒur]
na véspera	la veille	[la vɛj]
diário	quotidien (adj)	[kɔtidjɛ̃]
todos os dias	tous les jours	[tu le ʒur]
semana (f)	semaine (f)	[səmɛn]
na semana passada	la semaine dernière	[la səmɛn dɛrnjɛr]
na próxima semana	la semaine prochaine	[la səmɛn prɔʃɛn]
semanal	hebdomadaire (adj)	[ɛbdomadɛr]
cada semana	chaque semaine	[ʃak səmɛn]
duas vezes por semana	2 fois par semaine	[də fwa par səmɛn]
cada terça-feira	tous les mardis	[tu le mardi]

18. Horas. Dia e noite

manhã (f)	matin (m)	[matɛ̃]
de manhã	le matin	[lə matɛ̃]
meio-dia (m)	midi (m)	[midi]
à tarde	dans l'après-midi	[dɑ̃ laprɛmidi]
noite (f)	soir (m)	[swar]
à noite (noitinha)	le soir	[lə swar]

noite (f)	nuit (f)	[nɥi]
à noite	la nuit	[la nɥi]
meia-noite (f)	minuit (f)	[minɥi]

segundo (m)	seconde (f)	[səgɔ̃d]
minuto (m)	minute (f)	[minyt]
hora (f)	heure (f)	[œr]
meia hora (f)	demi-heure (f)	[dəmijœr]
quarto (m) de hora	un quart d'heure	[œ̃ kar dœr]
quinze minutos	quinze minutes	[kɛ̃z minyt]
vinte e quatro horas	vingt-quatre heures	[vɛ̃tkatr œr]

nascer (m) do sol	lever (m) du soleil	[ləve dy sɔlɛj]
amanhecer (m)	aube (f)	[ob]
madrugada (f)	point (m) du jour	[pwɛ̃ dy ʒur]
pôr do sol (m)	coucher (m) du soleil	[kuʃe dy sɔlɛj]

de madrugada	tôt le matin	[to lə matɛ̃]
hoje de manhã	ce matin	[sə matɛ̃]
amanhã de manhã	demain matin	[dəmɛ̃ matɛ̃]

hoje à tarde	cet après-midi	[sɛt aprɛmidi]
à tarde	dans l'après-midi	[dɑ̃ laprɛmidi]
amanhã à tarde	demain après-midi	[dəmɛn aprɛmidi]

| hoje à noite | ce soir | [sə swar] |
| amanhã à noite | demain soir | [dəmɛ̃ swar] |

às três horas em ponto	à trois heures précises	[ɑ trwa zœr presiz]
por volta das quatro	autour de quatre heures	[otur də katr œr]
às doze	vers midi	[vɛr midi]

dentro de vinte minutos	dans 20 minutes	[dɑ̃ vɛ̃ minyt]
dentro duma hora	dans une heure	[dɑ̃zyn œr]
a tempo	à temps	[ɑ tɑ̃]

menos um quarto	... moins le quart	[mwɛ̃ lə kar]
durante uma hora	en une heure	[ɑnyn œr]
a cada quinze minutos	tous les quarts d'heure	[tu le kar dœr]
as vinte e quatro horas	24 heures sur 24	[vɛ̃tkatr œr syr vɛ̃tkatr]

19. Meses. Estações

janeiro (m)	janvier (m)	[ʒɑ̃vje]
fevereiro (m)	février (m)	[fevrije]
março (m)	mars (m)	[mars]
abril (m)	avril (m)	[avril]
maio (m)	mai (m)	[mɛ]
junho (m)	juin (m)	[ʒɥɛ̃]

julho (m)	juillet (m)	[ʒɥijɛ]
agosto (m)	août (m)	[ut]
setembro (m)	septembre (m)	[separemɑ̃]
outubro (m)	octobre (m)	[ɔktɔbr]

novembro (m)	novembre (m)	[nɔvãbr]
dezembro (m)	décembre (m)	[desãbr]
primavera (f)	printemps (m)	[prɛ̃tã]
na primavera	au printemps	[oprɛ̃tã]
primaveril	de printemps (adj)	[də prɛ̃tã]
verão (m)	été (m)	[ete]
no verão	en été	[ɑn ete]
de verão	d'été (adj)	[dete]
outono (m)	automne (m)	[otɔn]
no outono	en automne	[ɑn otɔn]
outonal	d'automne (adj)	[dotɔn]
inverno (m)	hiver (m)	[ivɛr]
no inverno	en hiver	[ɑn ivɛr]
de inverno	d'hiver (adj)	[divɛr]
mês (m)	mois (m)	[mwa]
este mês	ce mois	[sə mwa]
no próximo mês	le mois prochain	[lə mwa prɔʃɛ̃]
no mês passado	le mois dernier	[lə mwa dɛrnje]
há um mês	il y a un mois	[ilja œ̃ mwa]
dentro de um mês	dans un mois	[dãzœn mwa]
dentro de dois meses	dans 2 mois	[dã dø mwa]
todo o mês	tout le mois	[tu lə mwa]
um mês inteiro	tout un mois	[tutœ̃ mwa]
mensal	mensuel (adj)	[mãsɥɛl]
mensalmente	mensuellement	[mãsɥɛlmã]
cada mês	chaque mois	[ʃak mwa]
duas vezes por mês	2 fois par mois	[dø fwa par mwa]
ano (m)	année (f)	[ane]
este ano	cette année	[sɛt ane]
no próximo ano	l'année prochaine	[lane prɔʃɛn]
no ano passado	l'année dernière	[lane dɛrnjɛr]
há um ano	il y a un an	[ilja œnã]
dentro dum ano	dans un an	[dãzœn ã]
dentro de 2 anos	dans deux ans	[dã dø zã]
todo o ano	toute l'année	[tut lane]
um ano inteiro	toute une année	[tutyn ane]
cada ano	chaque année	[ʃak ane]
anual	annuel (adj)	[anɥɛl]
anualmente	annuellement	[anɥɛlmã]
quatro vezes por ano	quatre fois par an	[katr fwa parã]
data (~ de hoje)	date (f)	[dat]
data (ex. ~ de nascimento)	date (f)	[dat]
calendário (m)	calendrier (m)	[kalãdrije]
meio ano	six mois	[si mwa]
seis meses	semestre (m)	[səmɛstr]

estação (f)	**saison** (f)	[sɛzɔ̃]
século (m)	**siècle** (m)	[sjɛkl]

VIAGENS. HOTEL

20. Viagens

turismo (m)	tourisme (m)	[turism]
turista (m)	touriste (m)	[turist]
viagem (f)	voyage (m)	[vwajaʒ]
aventura (f)	aventure (f)	[avɑ̃tyr]
viagem (f)	voyage (m)	[vwajaʒ]
férias (f pl)	vacances (f pl)	[vakɑ̃s]
estar de férias	être en vacances	[ɛtr ɑ̃ vakɑ̃s]
descanso (m)	repos (m)	[rəpo]
comboio (m)	train (m)	[trɛ̃]
de comboio (chegar ~)	en train	[ɑ̃ trɛ̃]
avião (m)	avion (m)	[avjɔ̃]
de avião	en avion	[ɑn avjɔ̃]
de carro	en voiture	[ɑ̃ vwatyr]
de navio	en bateau	[ɑ̃ bato]
bagagem (f)	bagage (m)	[bagaʒ]
mala (f)	malle (f)	[mal]
carrinho (m)	chariot (m)	[ʃarjo]
passaporte (m)	passeport (m)	[pɑspɔr]
visto (m)	visa (m)	[viza]
bilhete (m)	ticket (m)	[tikɛ]
bilhete (m) de avião	billet (m) d'avion	[bijɛ davjɔ̃]
guia (m) de viagem	guide (m)	[gid]
mapa (m)	carte (f)	[kart]
local (m), area (f)	région (f)	[reʒjɔ̃]
lugar, sítio (m)	endroit (m)	[ɑ̃drwa]
exotismo (m)	exotisme (m)	[ɛgzɔtism]
exótico	exotique (adj)	[ɛgzɔtik]
surpreendente	étonnant (adj)	[etɔnɑ̃]
grupo (m)	groupe (m)	[grup]
excursão (f)	excursion (f)	[ɛkskyrsjɔ̃]
guia (m)	guide (m)	[gid]

21. Hotel

hotel (m)	hôtel (m)	[otɛl]
motel (m)	motel (m)	[mɔtɛl]
três estrelas	3 étoiles	[trwa zetwal]

cinco estrelas	5 étoiles	[sɛk etwal]
ficar (~ num hotel)	descendre (vi)	[desãdr]
quarto (m)	chambre (f)	[ʃãbr]
quarto (m) individual	chambre (f) simple	[ʃãbr sɛ̃pl]
quarto (m) duplo	chambre (f) double	[ʃãbr dubl]
reservar um quarto	réserver une chambre	[rezɛrve yn ʃãbr]
meia pensão (f)	demi-pension (f)	[dəmipãsjõ]
pensão (f) completa	pension (f) complète	[pãsjõ kõplɛt]
com banheira	avec une salle de bain	[avɛk yn saldəbɛ̃]
com duche	avec une douche	[avɛk yn duʃ]
televisão (m) satélite	télévision (f) par satellite	[televizjõ par satelit]
ar (m) condicionado	climatiseur (m)	[klimatizœr]
toalha (f)	serviette (f)	[sɛrvjɛt]
chave (f)	clé, clef (f)	[kle]
administrador (m)	administrateur (m)	[administratœr]
camareira (f)	femme (f) de chambre	[fam də ʃãbr]
bagageiro (m)	porteur (m)	[pɔrtœr]
porteiro (m)	portier (m)	[pɔrtje]
restaurante (m)	restaurant (m)	[rɛstɔrã]
bar (m)	bar (m)	[bar]
pequeno-almoço (m)	petit déjeuner (m)	[pəti deʒœne]
jantar (m)	dîner (m)	[dine]
buffet (m)	buffet (m)	[byfɛ]
hall (m) de entrada	hall (m)	[ol]
elevador (m)	ascenseur (m)	[asãsœr]
NÃO PERTURBE	PRIÈRE DE NE PAS DÉRANGER	[prijɛr dənəpɑ derãʒe]
PROIBIDO FUMAR!	DÉFENSE DE FUMER	[defãs də fyme]

22. Turismo

monumento (m)	monument (m)	[mɔnymã]
fortaleza (f)	forteresse (f)	[fɔrtərɛs]
palácio (m)	palais (m)	[palɛ]
castelo (m)	château (m)	[ʃato]
torre (f)	tour (f)	[tur]
mausoléu (m)	mausolée (m)	[mozɔle]
arquitetura (f)	architecture (f)	[arʃitɛktyr]
medieval	médiéval (adj)	[medjeval]
antigo	ancien (adj)	[ãsjɛ̃]
nacional	national (adj)	[nasjɔnal]
conhecido	connu (adj)	[kɔny]
turista (m)	touriste (m)	[turist]
guia (pessoa)	guide (m)	[gid]
excursão (f)	excursion (f)	[ɛkskyrsjõ]

| mostrar (vt) | montrer (vt) | [mõtre] |
| contar (vt) | raconter (vt) | [rakõte] |

encontrar (vt)	trouver (vt)	[truve]
perder-se (vr)	se perdre (vp)	[sə pɛrdr]
mapa (~ do metrô)	plan (m)	[plã]
mapa (~ da cidade)	carte (f)	[kart]

lembrança (f), presente (m)	souvenir (m)	[suvnir]
loja (f) de presentes	boutique (f) de souvenirs	[butik də suvnir]
fotografar (vt)	prendre en photo	[prãdr ã fɔto]
fotografar-se	se faire prendre en photo	[sə fɛr prãdr ã fɔto]

TRANSPORTES

23. Aeroporto

aeroporto (m)	aéroport (m)	[aerɔpɔr]
avião (m)	avion (m)	[avjɔ̃]
companhia (f) aérea	compagnie (f) aérienne	[kɔ̃paɲi aerjɛn]
controlador (m)	contrôleur (m) aérien	[kɔ̃trolœr aerjɛ̃]
de tráfego aéreo		
partida (f)	départ (m)	[depar]
chegada (f)	arrivée (f)	[arive]
chegar (~ de avião)	arriver (vi)	[arive]
hora (f) de partida	temps (m) de départ	[tɑ̃ də depar]
hora (f) de chegada	temps (m) d'arrivée	[tɑ̃ darive]
estar atrasado	être retardé	[ɛtr rətarde]
atraso (m) de voo	retard (m) de l'avion	[rətar də lavjɔ̃]
painel (m) de informação	tableau (m) d'informations	[tablo dɛ̃formasjɔ̃]
informação (f)	information (f)	[ɛ̃formasjɔ̃]
anunciar (vt)	annoncer (vt)	[anɔ̃se]
voo (m)	vol (m)	[vɔl]
alfândega (f)	douane (f)	[dwan]
funcionário (m) da alfândega	douanier (m)	[dwanje]
declaração (f) alfandegária	déclaration (f) de douane	[deklarasjɔ̃ də dwan]
preencher (vt)	remplir (vt)	[rɑ̃plir]
preencher a declaração	remplir la déclaration	[rɑ̃plir la deklarasjɔ̃]
controlo (m) de passaportes	contrôle (m) de passeport	[kɔ̃trol də paspɔr]
bagagem (f)	bagage (m)	[bagaʒ]
bagagem (f) de mão	bagage (m) à main	[bagaʒ a mɛ̃]
carrinho (m)	chariot (m)	[ʃarjo]
aterragem (f)	atterrissage (m)	[aterisaʒ]
pista (f) de aterragem	piste (f) d'atterrissage	[pist daterisaʒ]
aterrar (vi)	atterrir (vi)	[aterir]
escada (f) de avião	escalier (m) d'avion	[ɛskalje davjɔ̃]
check-in (m)	enregistrement (m)	[ɑ̃rəʒistrəmɑ̃]
balcão (m) do check-in	comptoir (m) d'enregistrement	[kɔ̃twar dɑ̃rəʒistrəmɑ̃]
fazer o check-in	s'enregistrer (vp)	[sɑ̃rəʒistre]
cartão (m) de embarque	carte (f) d'embarquement	[kart dɑ̃barkəmɑ̃]
porta (f) de embarque	porte (f) d'embarquement	[pɔrt dɑ̃barkəmɑ̃]
trânsito (m)	transit (m)	[trɑ̃zit]
esperar (vi, vt)	attendre (vt)	[atɑ̃dr]

sala (f) de espera	salle (f) d'attente	[sal datɑ̃t]
despedir-se de ...	raccompagner (vt)	[rakɔ̃paɲe]
despedir-se (vr)	dire au revoir	[dir ərəvwar]

24. Avião

avião (m)	avion (m)	[avjɔ̃]
bilhete (m) de avião	billet (m) d'avion	[bijɛ davjɔ̃]
companhia (f) aérea	compagnie (f) aérienne	[kɔ̃paɲi aerjɛn]
aeroporto (m)	aéroport (m)	[aeropɔr]
supersónico	supersonique (adj)	[sypɛrsɔnik]

comandante (m) do avião	commandant (m) de bord	[kɔmɑ̃dɑ̃ də bɔr]
tripulação (f)	équipage (m)	[ekipaʒ]
piloto (m)	pilote (m)	[pilɔt]
hospedeira (f) de bordo	hôtesse (f) de l'air	[otɛs də lɛr]
copiloto (m)	navigateur (m)	[navigatœr]

asas (f pl)	ailes (f pl)	[ɛl]
cauda (f)	queue (f)	[kø]
cabine (f) de pilotagem	cabine (f)	[kabin]
motor (m)	moteur (m)	[mɔtœr]

| trem (m) de aterragem | train (m) d'atterrissage | [trɛ̃ daterisaʒ] |
| turbina (f) | turbine (f) | [tyrbin] |

| hélice (f) | hélice (f) | [elis] |
| caixa-preta (f) | boîte (f) noire | [bwat nwar] |

| coluna (f) de controlo | gouvernail (m) | [guvɛrnaj] |
| combustível (m) | carburant (m) | [karbyrɑ̃] |

instruções (f pl) de segurança	consigne (f) de sécurité	[kɔ̃siɲ də sekyrite]
máscara (f) de oxigénio	masque (m) à oxygène	[mask a ɔksiʒɛn]
uniforme (m)	uniforme (m)	[ynifɔrm]

| colete (m) salva-vidas | gilet (m) de sauvetage | [ʒilɛ də sovtaʒ] |
| paraquedas (m) | parachute (m) | [paraʃyt] |

descolagem (f)	décollage (m)	[dekɔlaʒ]
descolar (vi)	décoller (vi)	[dekɔle]
pista (f) de descolagem	piste (f) de décollage	[pist dekɔlaʒ]

| visibilidade (f) | visibilité (f) | [vizibilite] |
| voo (m) | vol (m) | [vɔl] |

| altura (f) | altitude (f) | [altityd] |
| poço (m) de ar | trou (m) d'air | [tru dɛr] |

assento (m)	place (f)	[plas]
auscultadores (m pl)	écouteurs (m pl)	[ekutœr]
mesa (f) rebatível	tablette (f)	[tablɛt]
vigia (f)	hublot (m)	[yblo]
passagem (f)	couloir (m)	[kulwar]

25. Comboio

comboio (m)	train (m)	[trɛ̃]
comboio (m) suburbano	train (m) de banlieue	[trɛ̃ də bɑ̃ljø]
comboio (m) rápido	TGV (m)	[teʒeve]
locomotiva (f) diesel	locomotive (f) diesel	[lɔkɔmɔtiv djezɛl]
locomotiva (f) a vapor	locomotive (f) à vapeur	[lɔkɔmɔtiv a vapœr]
carruagem (f)	wagon (m)	[vagõ]
carruagem restaurante (f)	wagon-restaurant (m)	[vagõrɛstɔrɑ̃]
carris (m pl)	rails (m pl)	[raj]
caminho de ferro (m)	chemin (m) de fer	[ʃəmɛ̃ də fɛr]
travessa (f)	traverse (f)	[travɛrs]
plataforma (f)	quai (m)	[kɛ]
linha (f)	voie (f)	[vwa]
semáforo (m)	sémaphore (m)	[semafɔr]
estação (f)	station (f)	[stasjõ]
maquinista (m)	conducteur (m) de train	[kõdyktœr də trɛ̃]
bagageiro (m)	porteur (m)	[pɔrtœr]
hospedeiro, -a (da carruagem)	steward (m)	[stiwart]
passageiro (m)	passager (m)	[pɑsaʒe]
revisor (m)	contrôleur (m)	[kõtrolœr]
corredor (m)	couloir (m)	[kulwar]
freio (m) de emergência	frein (m) d'urgence	[frɛ̃ dyrʒɑ̃s]
compartimento (m)	compartiment (m)	[kõpartimɑ̃]
cama (f)	couchette (f)	[kuʃɛt]
cama (f) de cima	couchette (f) d'en haut	[kuʃɛt dɛ̃ o]
cama (f) de baixo	couchette (f) d'en bas	[kuʃɛt dɛ̃ba]
roupa (f) de cama	linge (m) de lit	[lɛ̃ʒ də li]
bilhete (m)	ticket (m)	[tikɛ]
horário (m)	horaire (m)	[ɔrɛr]
painel (m) de informação	tableau (m) d'informations	[tablo dɛ̃formasjõ]
partir (vt)	partir (vi)	[partir]
partida (f)	départ (m)	[depar]
chegar (vi)	arriver (vi)	[arive]
chegada (f)	arrivée (f)	[arive]
chegar de comboio	arriver en train	[arive ɑ̃ trɛ̃]
apanhar o comboio	prendre le train	[prɑ̃dr lə trɛ̃]
sair do comboio	descendre du train	[desɑ̃dr dy trɛ̃]
acidente (m) ferroviário	accident (m) ferroviaire	[aksidɑ̃ ferɔvjɛr]
descarrilar (vi)	dérailler (vi)	[deraje]
locomotiva (f) a vapor	locomotive (f) à vapeur	[lɔkɔmɔtiv a vapœr]
fogueiro (m)	chauffeur (m)	[ʃofœr]
fornalha (f)	chauffe (f)	[ʃof]
carvão (m)	charbon (m)	[ʃarbõ]

26. Barco

| navio (m) | bateau (m) | [bato] |
| embarcação (f) | navire (m) | [navir] |

vapor (m)	bateau (m) à vapeur	[bato a vapœr]
navio (m)	paquebot (m)	[pakbo]
transatlântico (m)	bateau (m) de croisière	[bato də krwazjɛr]
cruzador (m)	croiseur (m)	[krwazœr]

iate (m)	yacht (m)	[jot]
rebocador (m)	remorqueur (m)	[rəmɔrkœr]
barcaça (f)	péniche (f)	[peniʃ]
ferry (m)	ferry (m)	[feri]

| veleiro (m) | voilier (m) | [vwalje] |
| bergantim (m) | brigantin (m) | [brigɑ̃tɛ̃] |

| quebra-gelo (m) | brise-glace (m) | [brizglas] |
| submarino (m) | sous-marin (m) | [sumarɛ̃] |

bote, barco (m)	canot (m) à rames	[kano a ram]
bote, dingue (m)	dinghy (m)	[diŋgi]
bote (m) salva-vidas	canot (m) de sauvetage	[kano də sovtaʒ]
lancha (f)	canot (m) à moteur	[kano a mɔtœr]

capitão (m)	capitaine (m)	[kapitɛn]
marinheiro (m)	matelot (m)	[matlo]
marujo (m)	marin (m)	[marɛ̃]
tripulação (f)	équipage (m)	[ekipaʒ]

contramestre (m)	maître (m) d'équipage	[mɛtr dekipaʒ]
grumete (m)	mousse (m)	[mus]
cozinheiro (m) de bordo	cuisinier (m) du bord	[kɥizinje dy bɔr]
médico (m) de bordo	médecin (m) de bord	[medsɛ̃ də bɔr]

convés (m)	pont (m)	[pɔ̃]
mastro (m)	mât (m)	[mɑ]
vela (f)	voile (f)	[vwal]

porão (m)	cale (f)	[kal]
proa (f)	proue (f)	[pru]
popa (f)	poupe (f)	[pup]
remo (m)	rame (f)	[ram]
hélice (f)	hélice (f)	[elis]

camarote (m)	cabine (f)	[kabin]
sala (f) dos oficiais	carré (m) des officiers	[kare dezɔfisje]
sala (f) das máquinas	salle (f) des machines	[sal de maʃin]
ponte (m) de comando	passerelle (f)	[pasrɛl]
sala (f) de comunicações	cabine (f) de T.S.F.	[kabin də teɛsɛf]
onda (f) de rádio	onde (f)	[ɔ̃d]
diário (m) de bordo	journal (m) de bord	[ʒurnal də bɔr]
luneta (f)	longue-vue (f)	[lɔ̃gvy]
sino (m)	cloche (f)	[klɔʃ]

bandeira (f)	pavillon (m)	[pavijõ]
cabo (m)	grosse corde (f) tressée	[gros kɔrd trese]
nó (m)	nœud (m) marin	[nø marɛ̃]

corrimão (m)	rampe (f)	[rãp]
prancha (f) de embarque	passerelle (f)	[pasrɛl]

âncora (f)	ancre (f)	[ãkr]
recolher a âncora	lever l'ancre	[ləve lãkr]
lançar a âncora	jeter l'ancre	[ʒəte lãkr]
amarra (f)	chaîne (f) d'ancrage	[ʃɛn dãkraʒ]

porto (m)	port (m)	[pɔr]
cais, amarradouro (m)	embarcadère (m)	[ãbarkadɛr]
atracar (vi)	accoster (vi)	[akɔste]
desatracar (vi)	larguer les amarres	[large lezamar]

viagem (f)	voyage (m)	[vwajaʒ]
cruzeiro (m)	croisière (f)	[krwazjɛr]
rumo (m), rota (f)	cap (m)	[kap]
itinerário (m)	itinéraire (m)	[itinerɛr]

canal (m) navegável	chenal (m)	[ʃənal]
banco (m) de areia	bas-fond (m)	[bafõ]
encalhar (vt)	échouer sur un bas-fond	[eʃwe syr œ̃ bafõ]

tempestade (f)	tempête (f)	[tãpɛt]
sinal (m)	signal (m)	[siɲal]
afundar-se (vr)	sombrer (vi)	[sõbre]
Homem ao mar!	Un homme à la mer!	[ynɔm alamɛr]
SOS	SOS (m)	[ɛsoɛs]
boia (f) salva-vidas	bouée (f) de sauvetage	[bwe də sovtaʒ]

CIDADE

27. Transportes urbanos

autocarro (m)	autobus (m)	[otobys]
elétrico (m)	tramway (m)	[tramwɛ]
troleicarro (m)	trolleybus (m)	[trɔlɛbys]
itinerário (m)	itinéraire (m)	[itinerɛr]
número (m)	numéro (m)	[nymero]
ir de … (carro, etc.)	prendre …	[prãdr]
entrar (~ no autocarro)	monter (vi)	[mõte]
descer de …	descendre de …	[desãdr də]
paragem (f)	arrêt (m)	[arɛ]
próxima paragem (f)	arrêt (m) prochain	[arɛt prɔʃɛ̃]
ponto (m) final	terminus (m)	[tɛrminys]
horário (m)	horaire (m)	[ɔrɛr]
esperar (vt)	attendre (vt)	[atãdr]
bilhete (m)	ticket (m)	[tikɛ]
custo (m) do bilhete	prix (m) du ticket	[pri dy tikɛ]
bilheteiro (m)	caissier (m)	[kesje]
controlo (m) dos bilhetes	contrôle (m) des tickets	[kõtrol de tikɛ]
revisor (m)	contrôleur (m)	[kõtrolœr]
atrasar-se (vr)	être en retard	[ɛtr ã rətar]
perder (o autocarro, etc.)	rater (vt)	[rate]
estar com pressa	se dépêcher	[sə depeʃe]
táxi (m)	taxi (m)	[taksi]
taxista (m)	chauffeur (m) de taxi	[ʃofœr də taksi]
de táxi (ir ~)	en taxi	[ã taksi]
praça (f) de táxis	arrêt (m) de taxi	[arɛ də taksi]
chamar um táxi	appeler un taxi	[aple œ̃ taksi]
apanhar um táxi	prendre un taxi	[prãdr œ̃ taksi]
tráfego (m)	trafic (m)	[trafik]
engarrafamento (m)	embouteillage (m)	[ãbutɛjaʒ]
horas (f pl) de ponta	heures (f pl) de pointe	[œr də pwɛ̃t]
estacionar (vi)	se garer (vp)	[sə gare]
estacionar (vt)	garer (vt)	[gare]
parque (m) de estacionamento	parking (m)	[parkiŋ]
metro (m)	métro (m)	[metro]
estação (f)	station (f)	[stasjõ]
ir de metro	prendre le métro	[prãdr lə metro]
comboio (m)	train (m)	[trɛ̃]
estação (f)	gare (f)	[gar]

28. Cidade. Vida na cidade

cidade (f)	ville (f)	[vil]
capital (f)	capitale (f)	[kapital]
aldeia (f)	village (m)	[vilaʒ]

mapa (m) da cidade	plan (m) de la ville	[plɑ̃ də la vil]
centro (m) da cidade	centre-ville (m)	[sɑ̃trəvil]
subúrbio (m)	banlieue (f)	[bɑ̃ljø]
suburbano	de banlieue (adj)	[də bɑ̃ljø]

periferia (f)	périphérie (f)	[periferi]
arredores (m pl)	alentours (m pl)	[alɑ̃tur]
quarteirão (m)	quartier (m)	[kartje]
quarteirão (m) residencial	quartier (m) résidentiel	[kartje rezidɑ̃sjɛl]

tráfego (m)	trafic (m)	[trafik]
semáforo (m)	feux (m pl) de circulation	[fø də sirkylasjɔ̃]
transporte (m) público	transport (m) urbain	[trɑ̃spɔr yrbɛ̃]
cruzamento (m)	carrefour (m)	[karfur]

passadeira (f)	passage (m) piéton	[pɑsaʒ pjetɔ̃]
passagem (f) subterrânea	passage (m) souterrain	[pɑsaʒ sutɛrɛ̃]
cruzar, atravessar (vt)	traverser (vt)	[travɛrse]
peão (m)	piéton (m)	[pjetɔ̃]
passeio (m)	trottoir (m)	[trɔtwar]

ponte (f)	pont (m)	[pɔ̃]
margem (f) do rio	quai (m)	[kɛ]
fonte (f)	fontaine (f)	[fɔ̃tɛn]

alameda (f)	allée (f)	[ale]
parque (m)	parc (m)	[park]
bulevar (m)	boulevard (m)	[bulvar]
praça (f)	place (f)	[plas]
avenida (f)	avenue (f)	[avny]
rua (f)	rue (f)	[ry]
travessa (f)	ruelle (f)	[rɥɛl]
beco (m) sem saída	impasse (f)	[ɛ̃pas]

casa (f)	maison (f)	[mɛzɔ̃]
edifício, prédio (m)	édifice (m)	[edifis]
arranha-céus (m)	gratte-ciel (m)	[gratsjɛl]

fachada (f)	façade (f)	[fasad]
telhado (m)	toit (m)	[twa]
janela (f)	fenêtre (f)	[fənɛtr]
arco (m)	arc (m)	[ark]
coluna (f)	colonne (f)	[kɔlɔn]
esquina (f)	coin (m)	[kwɛ̃]

montra (f)	vitrine (f)	[vitrin]
letreiro (m)	enseigne (f)	[ɑ̃sɛɲ]
cartaz (m)	affiche (f)	[afiʃ]
cartaz (m) publicitário	affiche (f) publicitaire	[afiʃ pyblisitɛr]

painel (m) publicitário	panneau-réclame (m)	[pano reklam]
lixo (m)	ordures (f pl)	[ɔrdyr]
cesta (f) do lixo	poubelle (f)	[pubɛl]
jogar lixo na rua	jeter ... à terre	[ʒəte ... a tɛr]
aterro (m) sanitário	décharge (f)	[deʃarʒ]

cabine (f) telefónica	cabine (f) téléphonique	[kabin telefɔnik]
candeeiro (m) de rua	réverbère (m)	[revɛrbɛr]
banco (m)	banc (m)	[bã]

polícia (m)	policier (m)	[pɔlisje]
polícia (instituição)	police (f)	[pɔlis]
mendigo (m)	clochard (m)	[klɔʃar]
sem-abrigo (m)	sans-abri (m)	[sãzabri]

29. Instituições urbanas

loja (f)	magasin (m)	[magazɛ̃]
farmácia (f)	pharmacie (f)	[farmasi]
ótica (f)	opticien (m)	[ɔptisjɛ̃]
centro (m) comercial	centre (m) commercial	[sãtr kɔmɛrsjal]
supermercado (m)	supermarché (m)	[sypɛrmarʃe]

padaria (f)	boulangerie (f)	[bulãʒri]
padeiro (m)	boulanger (m)	[bulãʒe]
pastelaria (f)	pâtisserie (f)	[pɑtisri]
mercearia (f)	épicerie (f)	[episri]
talho (m)	boucherie (f)	[buʃri]

| loja (f) de legumes | magasin (m) de légumes | [magazɛ̃ də legym] |
| mercado (m) | marché (m) | [marʃe] |

café (m)	salon (m) de café	[salɔ̃ də kafe]
restaurante (m)	restaurant (m)	[rɛstɔrã]
bar (m), cervejaria (f)	brasserie (f)	[brasri]
pizzaria (f)	pizzeria (f)	[pidzerja]

salão (m) de cabeleireiro	salon (m) de coiffure	[salɔ̃ də kwafyr]
correios (m pl)	poste (f)	[pɔst]
lavandaria (f)	pressing (m)	[presiŋ]
estúdio (m) fotográfico	atelier (m) de photo	[atəlje də fɔto]

sapataria (f)	magasin (m) de chaussures	[magazɛ̃ də ʃosyr]
livraria (f)	librairie (f)	[librɛri]
loja (f) de artigos de desporto	magasin (m) d'articles de sport	[magazɛ̃ dartikl də spɔr]

reparação (f) de roupa	atelier (m) de retouche	[atəlje də rətuʃ]
aluguer (m) de roupa	location (f) de vêtements	[lɔkasjɔ̃ də vɛtmã]
aluguer (m) de filmes	location (f) de films	[lɔkasjɔ̃ də film]

circo (m)	cirque (m)	[sirk]
jardim (m) zoológico	zoo (m)	[zoo]
cinema (m)	cinéma (m)	[sinema]

museu (m)	musée (m)	[myze]
biblioteca (f)	bibliothèque (f)	[biblijɔtɛk]
teatro (m)	théâtre (m)	[teɑtr]
ópera (f)	opéra (m)	[ɔpera]
clube (m) noturno	boîte (f) de nuit	[bwat də nɥi]
casino (m)	casino (m)	[kazino]
mesquita (f)	mosquée (f)	[mɔske]
sinagoga (f)	synagogue (f)	[sinagɔg]
catedral (f)	cathédrale (f)	[katedral]
templo (m)	temple (m)	[tãpl]
igreja (f)	église (f)	[egliz]
instituto (m)	institut (m)	[ɛ̃stity]
universidade (f)	université (f)	[ynivɛrsite]
escola (f)	école (f)	[ekɔl]
prefeitura (f)	préfecture (f)	[prefɛktyr]
câmara (f) municipal	mairie (f)	[meri]
hotel (m)	hôtel (m)	[otɛl]
banco (m)	banque (f)	[bãk]
embaixada (f)	ambassade (f)	[ãbasad]
agência (f) de viagens	agence (f) de voyages	[aʒãs də vwajaʒ]
agência (f) de informações	bureau (m) d'information	[byro dɛfɔrmasjõ]
casa (f) de câmbio	bureau (m) de change	[byro də ʃãʒ]
metro (m)	métro (m)	[metro]
hospital (m)	hôpital (m)	[ɔpital]
posto (m) de gasolina	station-service (f)	[stasjõsɛrvis]
parque (m) de estacionamento	parking (m)	[parkiŋ]

30. Sinais

letreiro (m)	enseigne (f)	[ãsɛɲ]
inscrição (f)	pancarte (f)	[pãkart]
cartaz, póster (m)	poster (m)	[pɔstɛr]
sinal (m) informativo	indicateur (m) de direction	[ɛ̃dikatœr də dirɛksjõ]
seta (f)	flèche (f)	[flɛʃ]
aviso (advertência)	avertissement (m)	[avɛrtismã]
sinal (m) de aviso	panneau (m) d'avertissement	[pano davɛrtismã]
avisar, advertir (vt)	avertir (vt)	[avɛrtir]
dia (m) de folga	jour (m) de repos	[ʒur də rəpo]
horário (m)	horaire (m)	[ɔrɛr]
horário (m) de funcionamento	heures (f pl) d'ouverture	[zœr duvɛrtyr]
BEM-VINDOS!	BIENVENUE!	[bjɛ̃vny]
ENTRADA	ENTRÉE	[ãtre]
SAÍDA	SORTIE	[sɔrti]

EMPURRE	POUSSER	[puse]
PUXE	TIRER	[tire]
ABERTO	OUVERT	[uvɛr]
FECHADO	FERMÉ	[fɛrme]

MULHER	FEMMES	[fam]
HOMEM	HOMMES	[ɔm]

DESCONTOS	RABAIS	[sɔld]
SALDOS	SOLDES	[rabɛ]
NOVIDADE!	NOUVEAU!	[nuvo]
GRÁTIS	GRATUIT	[gratμi]

ATENÇÃO!	ATTENTION!	[atɑ̃sjɔ̃]
NÃO HÁ VAGAS	COMPLET	[kɔ̃plɛ]
RESERVADO	RÉSERVÉ	[rezɛrve]

ADMINISTRAÇÃO	ADMINISTRATION	[administrasjɔ̃]
SOMENTE PESSOAL AUTORIZADO	RÉSERVÉ AU PERSONNEL	[rezɛrve o pɛrsɔnɛl]

CUIDADO CÃO FEROZ	ATTENTION CHIEN MÉCHANT	[atɑ̃sjɔ̃ ʃjɛ̃ meʃɑ̃]
PROIBIDO FUMAR!	DÉFENSE DE FUMER	[defɑ̃s də fyme]
NÃO TOCAR	PRIERE DE NE PAS TOUCHER	[prijɛr dənəpɑ tuʃe]

PERIGOSO	DANGEREUX	[dɑ̃ʒrø]
PERIGO	DANGER	[dɑ̃ʒe]
ALTA TENSÃO	HAUTE TENSION	[ot tɑ̃sjɔ̃]
PROIBIDO NADAR	BAIGNADE INTERDITE	[bɛɲad ɛ̃tɛrdit]
AVARIADO	HORS SERVICE	[ɔr sɛrvis]

INFLAMÁVEL	INFLAMMABLE	[ɛ̃flamabl]
PROIBIDO	INTERDIT	[ɛ̃tɛrdi]
ENTRADA PROIBIDA	PASSAGE INTERDIT	[pɑsaʒ ɛ̃tɛrdi]
CUIDADO TINTA FRESCA	PEINTURE FRAÎCHE	[pɛ̃tyr frɛʃ]

31. Compras

comprar (vt)	acheter (vt)	[aʃte]
compra (f)	achat (m)	[aʃa]
fazer compras	faire des achats	[fɛr dezaʃa]
compras (f pl)	shopping (m)	[ʃɔpiŋ]

estar aberta (loja, etc.)	être ouvert	[ɛtr uvɛr]
estar fechada	être fermé	[ɛtr fɛrme]

calçado (m)	chaussures (f pl)	[ʃosyr]
roupa (f)	vêtement (m)	[vɛtmɑ̃]
cosméticos (m pl)	produits (m pl) de beauté	[prɔdyi də bote]
alimentos (m pl)	produits (m pl) alimentaires	[prɔdyi alimɑ̃tɛr]
presente (m)	cadeau (m)	[kado]
vendedor (m)	vendeur (m)	[vɑ̃dœr]

vendedora (f)	vendeuse (f)	[vãdøz]
caixa (f)	caisse (f)	[kɛs]
espelho (m)	miroir (m)	[mirwar]
balcão (m)	comptoir (m)	[kõtwar]
cabine (f) de provas	cabine (f) d'essayage	[kabin desɛjaʒ]

provar (vt)	essayer (vt)	[eseje]
servir (vi)	aller bien	[ale bjɛ̃]
gostar (apreciar)	plaire à ...	[plɛr a]

preço (m)	prix (m)	[pri]
etiqueta (f) de preço	étiquette (f) de prix	[etikɛt də pri]
custar (vt)	coûter (vi, vt)	[kute]
Quanto?	Combien?	[kõbjɛ̃]
desconto (m)	rabais (m)	[rabɛ]

não caro	pas cher (adj)	[pɑ ʃɛr]
barato	bon marché (adj)	[bõ marʃe]
caro	cher (adj)	[ʃɛr]
É caro	C'est cher	[sɛ ʃɛr]

aluguer (m)	location (f)	[lɔkasjõ]
alugar (vestidos, etc.)	louer (vt)	[lwe]
crédito (m)	crédit (m)	[kredi]
a crédito	à crédit (adv)	[akredi]

VESTUÁRIO & ACESSÓRIOS

32. Roupa exterior. Casacos

roupa (f)	vêtement (m)	[vɛtmã]
roupa (f) exterior	survêtement (m)	[syrvɛtmã]
roupa (f) de inverno	vêtement (m) d'hiver	[vɛtmã divɛr]
sobretudo (m)	manteau (m)	[mãto]
casaco (m) de peles	manteau (m) de fourrure	[mãto də furyr]
casaco curto (m) de peles	veste (f) en fourrure	[vɛst ã furyr]
casaco (m) acolchoado	manteau (m) de duvet	[manto də dyvɛ]
casaco, blusão (m)	veste (f)	[vɛst]
impermeável (m)	imperméable (m)	[ɛ̃pɛrmeabl]
impermeável	imperméable (adj)	[ɛ̃pɛrmeabl]

33. Vestuário de homem & mulher

camisa (f)	chemise (f)	[ʃəmiz]
calças (f pl)	pantalon (m)	[pãtalɔ̃]
calças (f pl) de ganga	jean (m)	[dʒin]
casaco (m) de fato	veston (m)	[vɛstɔ̃]
fato (m)	complet (m)	[kɔ̃plɛ]
vestido (ex. ~ vermelho)	robe (f)	[rɔb]
saia (f)	jupe (f)	[ʒyp]
blusa (f)	chemisette (f)	[ʃəmizɛt]
casaco (m) de malha	veste (f) en laine	[vɛst ã lɛn]
casaco, blazer (m)	jaquette (f), blazer (m)	[ʒakɛt], [blazɛr]
T-shirt, camiseta (f)	tee-shirt (m)	[tiʃœrt]
calções (Bermudas, etc.)	short (m)	[ʃɔrt]
fato (m) de treino	costume (m) de sport	[kɔstym də spɔr]
roupão (m) de banho	peignoir (m) de bain	[pɛɲwar də bɛ̃]
pijama (m)	pyjama (m)	[piʒama]
suéter (m)	chandail (m)	[ʃãdaj]
pulôver (m)	pull-over (m)	[pylɔvɛr]
colete (m)	gilet (m)	[ʒilɛ]
fraque (m)	queue-de-pie (f)	[kødpi]
smoking (m)	smoking (m)	[smɔkiŋ]
uniforme (m)	uniforme (m)	[ynifɔrm]
roupa (f) de trabalho	tenue (f) de travail	[təny də travaj]
fato-macaco (m)	salopette (f)	[salɔpɛt]
bata (~ branca, etc.)	blouse (f)	[bluz]

34. Vestuário. Roupa interior

roupa (f) interior	sous-vêtements (m pl)	[suvɛtmɑ̃]
cuecas boxer (f pl)	boxer (m)	[bɔksɛr]
cuecas (f pl)	slip (m) de femme	[slip də fam]
camisola (f) interior	maillot (m) de corps	[majo də kɔr]
peúgas (f pl)	chaussettes (f pl)	[ʃosɛt]
camisa (f) de noite	chemise (f) de nuit	[ʃəmiz də nɥi]
sutiã (m)	soutien-gorge (m)	[sutjɛ̃gɔrʒ]
meias longas (f pl)	chaussettes (f pl) hautes	[ʃosɛt ot]
meia-calça (f)	collants (m pl)	[kɔlɑ̃]
meias (f pl)	bas (m pl)	[ba]
fato (m) de banho	maillot (m) de bain	[majo də bɛ̃]

35. Adereços de cabeça

chapéu (m)	chapeau (m)	[ʃapo]
chapéu (m) de feltro	chapeau (m) feutre	[ʃapo føtr]
boné (m) de beisebol	casquette (f) de base-ball	[kaskɛt də bɛzbol]
boné (m)	casquette (f)	[kaskɛt]
boina (f)	béret (m)	[berɛ]
capuz (m)	capuche (f)	[kapyʃ]
panamá (m)	panama (m)	[panama]
gorro (m) de malha	bonnet (m) de laine	[bɔnɛ də lɛn]
lenço (m)	foulard (m)	[fular]
chapéu (m) de mulher	chapeau (m) de femme	[ʃapo də fam]
capacete (m) de proteção	casque (m)	[kask]
bibico (m)	calot (m)	[kalo]
capacete (m)	casque (m)	[kask]
chapéu-coco (m)	melon (m)	[məlɔ̃]
chapéu (m) alto	haut-de-forme (m)	[o də fɔrm]

36. Calçado

calçado (m)	chaussures (f pl)	[ʃosyr]
botinas (f pl)	bottines (f pl)	[bɔtin]
sapatos (de salto alto, etc.)	souliers (m pl)	[sulje]
botas (f pl)	bottes (f pl)	[bɔt]
pantufas (f pl)	chaussons (m pl)	[ʃosɔ̃]
ténis (m pl)	tennis (m pl)	[tenis]
sapatilhas (f pl)	baskets (f pl)	[baskɛt]
sandálias (f pl)	sandales (f pl)	[sɑ̃dal]
sapateiro (m)	cordonnier (m)	[kɔrdɔnje]
salto (m)	talon (m)	[talɔ̃]

par (m)	paire (f)	[pɛr]
atacador (m)	lacet (m)	[lase]
apertar os atacadores	lacer (vt)	[lase]
calçadeira (f)	chausse-pied (m)	[ʃospje]
graxa (f) para calçado	cirage (m)	[siraʒ]

37. Acessórios pessoais

luvas (f pl)	gants (m pl)	[gɑ̃]
mitenes (f pl)	moufles (f pl)	[mufl]
cachecol (m)	écharpe (f)	[eʃarp]

óculos (m pl)	lunettes (f pl)	[lynɛt]
armação (f) de óculos	monture (f)	[mɔ̃tyr]
guarda-chuva (m)	parapluie (m)	[paraplɥi]
bengala (f)	canne (f)	[kan]
escova (f) para o cabelo	brosse (f) à cheveux	[brɔs a ʃəvø]
leque (m)	éventail (m)	[evɑ̃taj]

gravata (f)	cravate (f)	[kravat]
gravata-borboleta (f)	nœud papillon (m)	[nø papijɔ̃]
suspensórios (m pl)	bretelles (f pl)	[brətɛl]
lenço (m)	mouchoir (m)	[muʃwar]

pente (m)	peigne (m)	[pɛɲ]
travessão (m)	barrette (f)	[barɛt]
gancho (m) de cabelo	épingle (f) à cheveux	[epɛ̃gl a ʃəvø]
fivela (f)	boucle (f)	[bukl]

cinto (m)	ceinture (f)	[sɛ̃tyr]
correia (f)	bandoulière (f)	[bɑ̃duljɛr]

mala (f)	sac (m)	[sak]
mala (f) de senhora	sac (m) à main	[sak a mɛ̃]
mochila (f)	sac (m) à dos	[sak a do]

38. Vestuário. Diversos

moda (f)	mode (f)	[mɔd]
na moda	à la mode (adj)	[alamɔd]
estilista (m)	couturier (m),	[kutyrje],
	créateur (m) de mode	[kreatœr də mɔd]

colarinho (m), gola (f)	col (m)	[kɔl]
bolso (m)	poche (f)	[pɔʃ]
de bolso	de poche (adj)	[də pɔʃ]
manga (f)	manche (f)	[mɑ̃ʃ]
alcinha (f)	bride (f)	[brid]
braguilha (f)	braguette (f)	[bragɛt]

fecho (m) de correr	fermeture (f) à glissière	[fɛrmətyr a glisjɛr]
fecho (m), colchete (m)	agrafe (f)	[agraf]

botão (m)	bouton (m)	[butɔ̃]
casa (f) de botão	boutonnière (f)	[butɔnjɛr]
soltar-se (vr)	sauter (vi)	[sote]

coser, costurar (vi)	coudre (vi, vt)	[kudr]
bordar (vt)	broder (vt)	[brɔde]
bordado (m)	broderie (f)	[brɔdri]
agulha (f)	aiguille (f)	[egyij]
fio (m)	fil (m)	[fil]
costura (f)	couture (f)	[kutyr]

sujar-se (vr)	se salir (vp)	[sə salir]
mancha (f)	tache (f)	[taʃ]
engelhar-se (vr)	se froisser (vp)	[sə frwase]
rasgar (vt)	déchirer (vt)	[deʃire]
traça (f)	mite (f)	[mit]

39. Cuidados pessoais. Cosméticos

pasta (f) de dentes	dentifrice (m)	[dɑ̃tifris]
escova (f) de dentes	brosse (f) à dents	[brɔs a dɑ̃]
escovar os dentes	se brosser les dents	[sə brɔse le dɑ̃]

máquina (f) de barbear	rasoir (m)	[razwar]
creme (m) de barbear	crème (f) à raser	[krɛm a raze]
barbear-se (vr)	se raser (vp)	[sə raze]

| sabonete (m) | savon (m) | [savɔ̃] |
| champô (m) | shampooing (m) | [ʃɑ̃pwɛ̃] |

tesoura (f)	ciseaux (m pl)	[sizo]
lima (f) de unhas	lime (f) à ongles	[lim a ɔ̃gl]
corta-unhas (m)	pinces (f pl) à ongles	[pɛ̃s a ɔ̃gl]
pinça (f)	pince (f)	[pɛ̃s]

cosméticos (m pl)	cosmétiques (m pl)	[kɔsmetik]
máscara (f) facial	masque (m) de beauté	[mask də bote]
manicura (f)	manucure (f)	[manykyr]
fazer a manicura	se faire les ongles	[sə fɛr le zɔ̃gl]
pedicure (f)	pédicurie (f)	[pedikyri]

mala (f) de maquilhagem	trousse (f) de toilette	[trus də twalɛt]
pó (m)	poudre (f)	[pudr]
caixa (f) de pó	poudrier (m)	[pudrije]
blush (m)	fard (m) à joues	[far a ʒu]

perfume (m)	parfum (m)	[parfœ̃]
água (f) de toilette	eau (f) de toilette	[o də twalɛt]
loção (f)	lotion (f)	[losjɔ̃]
água-de-colónia (f)	eau de Cologne (f)	[o də kɔlɔn]

sombra (f) de olhos	fard (m) à paupières	[far a popjɛr]
lápis (m) delineador	crayon (m) à paupières	[krɛjɔ̃ a popjɛr]
máscara (f), rímel (m)	mascara (m)	[maskara]

batom (m)	rouge (m) à lèvres	[ruʒ a lɛvr]
verniz (m) de unhas	vernis (m) à ongles	[vɛrni a ɔ̃gl]
laca (f) para cabelos	laque (f) pour les cheveux	[lak pur le ʃəvø]
desodorizante (m)	déodorant (m)	[deodɔrɑ̃]
creme (m)	crème (f)	[krɛm]
creme (m) de rosto	crème (f) pour le visage	[krɛm pur lə vizaʒ]
creme (m) de mãos	crème (f) pour les mains	[krɛm pur le mɛ̃]
creme (m) antirrugas	crème (f) anti-rides	[krɛm ɑ̃tirid]
creme (m) de dia	crème (f) de jour	[krɛm də ʒur]
creme (m) de noite	crème (f) de nuit	[krɛm də nɥi]
de dia	de jour (adj)	[də ʒur]
da noite	de nuit (adj)	[də nɥi]
tampão (m)	tampon (m)	[tɑ̃pɔ̃]
papel (m) higiénico	papier (m) de toilette	[papje də twalɛt]
secador (m) elétrico	sèche-cheveux (m)	[sɛʃəvø]

40. Relógios de pulso. Relógios

relógio (m) de pulso	montre (f)	[mɔ̃tr]
mostrador (m)	cadran (m)	[kadrɑ̃]
ponteiro (m)	aiguille (f)	[egɥij]
bracelete (f) em aço	bracelet (m)	[braslɛ]
bracelete (f) em couro	bracelet (m)	[braslɛ]
pilha (f)	pile (f)	[pil]
descarregar-se	être déchargé	[ɛtr deʃarʒe]
trocar a pilha	changer de pile	[ʃɑ̃ʒe də pil]
estar adiantado	avancer (vi)	[avɑ̃se]
estar atrasado	retarder (vi)	[rətarde]
relógio (m) de parede	pendule (f)	[pɑ̃dyl]
ampulheta (f)	sablier (m)	[sablije]
relógio (m) de sol	cadran (m) solaire	[kadrɑ̃ sɔlɛr]
despertador (m)	réveil (m)	[revɛj]
relojoeiro (m)	horloger (m)	[ɔrlɔʒe]
reparar (vt)	réparer (vt)	[repare]

EXPERIÊNCIA DO QUOTIDIANO

41. Dinheiro

dinheiro (m)	argent (m)	[arӡɑ̃]
câmbio (m)	échange (m)	[eʃɑ̃ӡ]
taxa (f) de câmbio	cours (m) de change	[kur də ʃɑ̃ӡ]
Caixa Multibanco (m)	distributeur (m)	[distribytœr]
moeda (f)	monnaie (f)	[mɔnɛ]
dólar (m)	dollar (m)	[dɔlar]
euro (m)	euro (m)	[øro]
lira (f)	lire (f)	[lir]
marco (m)	mark (m) allemand	[mark almɑ̃]
franco (m)	franc (m)	[frɑ̃]
libra (f) esterlina	livre sterling (f)	[livr stɛrliŋ]
iene (m)	yen (m)	[jɛn]
dívida (f)	dette (f)	[dɛt]
devedor (m)	débiteur (m)	[debitœr]
emprestar (vt)	prêter (vt)	[prete]
pedir emprestado	emprunter (vt)	[ɑ̃prœ̃te]
banco (m)	banque (f)	[bɑ̃k]
conta (f)	compte (m)	[kɔ̃t]
depositar (vt)	verser (vt)	[vɛrse]
depositar na conta	verser dans le compte	[vɛrse dɑ̃ lə kɔ̃t]
levantar (vt)	retirer du compte	[rətire dy kɔ̃t]
cartão (m) de crédito	carte (f) de crédit	[kart də kredi]
dinheiro (m) vivo	espèces (f pl)	[ɛspɛs]
cheque (m)	chèque (m)	[ʃɛk]
passar um cheque	faire un chèque	[fɛr œ̃ ʃɛk]
livro (m) de cheques	chéquier (m)	[ʃekje]
carteira (f)	portefeuille (m)	[pɔrtəfœj]
porta-moedas (m)	bourse (f)	[burs]
cofre (m)	coffre fort (m)	[kɔfr fɔr]
herdeiro (m)	héritier (m)	[eritje]
herança (f)	héritage (m)	[eritaӡ]
fortuna (riqueza)	fortune (f)	[fɔrtyn]
arrendamento (m)	location (f)	[lɔkasjɔ̃]
renda (f) de casa	loyer (m)	[lwaje]
alugar (vt)	louer (vt)	[lwe]
preço (m)	prix (m)	[pri]
custo (m)	coût (m)	[ku]

soma (f)	somme (f)	[sɔm]
gastar (vt)	dépenser (vt)	[depɑ̃se]
gastos (m pl)	dépenses (f pl)	[depɑ̃s]
economizar (vi)	économiser (vt)	[ekɔnɔmize]
económico	économe (adj)	[ekɔnɔm]

pagar (vt)	payer (vi, vt)	[peje]
pagamento (m)	paiement (m)	[pɛmɑ̃]
troco (m)	monnaie (f)	[mɔnɛ]

imposto (m)	impôt (m)	[ɛ̃po]
multa (f)	amende (f)	[amɑ̃d]
multar (vt)	mettre une amende	[mɛtr ynamɑ̃d]

42. Correios. Serviço postal

correios (m pl)	poste (f)	[pɔst]
correio (m)	courrier (m)	[kurje]
carteiro (m)	facteur (m)	[faktœr]
horário (m)	heures (f pl) d'ouverture	[zœr duvɛrtyr]

carta (f)	lettre (f)	[lɛtr]
carta (f) registada	recommandé (m)	[rəkɔmɑ̃de]
postal (m)	carte (f) postale	[kart pɔstal]
telegrama (m)	télégramme (m)	[telegram]
encomenda (f) postal	colis (m)	[kɔli]
remessa (f) de dinheiro	mandat (m) postal	[mɑ̃da pɔstal]

receber (vt)	recevoir (vt)	[rəsəvwar]
enviar (vt)	envoyer (vt)	[ɑ̃vwaje]
envio (m)	envoi (m)	[ɑ̃vwa]
endereço (m)	adresse (f)	[adrɛs]
código (m) postal	code (m) postal	[kɔd pɔstal]
remetente (m)	expéditeur (m)	[ɛkspeditœr]
destinatário (m)	destinataire (m)	[dɛstinatɛr]

nome (m)	prénom (m)	[prenɔ̃]
apelido (m)	nom (m) de famille	[nɔ̃ də famij]
tarifa (f)	tarif (m)	[tarif]
ordinário	normal (adj)	[nɔrmal]
económico	économique (adj)	[ekɔnɔmik]

peso (m)	poids (m)	[pwa]
pesar (estabelecer o peso)	peser (vt)	[pəze]
envelope (m)	enveloppe (f)	[ɑ̃vlɔp]
selo (m)	timbre (m)	[tɛ̃br]
colar o selo	timbrer (vt)	[tɛ̃bre]

43. Banca

banco (m)	banque (f)	[bɑ̃k]
sucursal, balcão (f)	agence (f) bancaire	[aʒɑ̃s bɑ̃kɛr]

| consultor (m) | conseiller (m) | [kɔ̃seje] |
| gerente (m) | gérant (m) | [ʒerɑ̃] |

conta (f)	compte (m)	[kɔ̃t]
número (m) da conta	numéro (m) du compte	[nymero dy kɔ̃t]
conta (f) corrente	compte (m) courant	[kɔ̃t kurɑ̃]
conta (f) poupança	compte (m) sur livret	[kɔ̃t syr livrɛ]

abrir uma conta	ouvrir un compte	[uvrir œ̃ kɔ̃t]
fechar uma conta	clôturer le compte	[klotyre lə kɔ̃t]
depositar na conta	verser dans le compte	[vɛrse dɑ̃ lə kɔ̃t]
levantar (vt)	retirer du compte	[rətire dy kɔ̃t]

depósito (m)	dépôt (m)	[depo]
fazer um depósito	faire un dépôt	[fɛr œ̃ depo]
transferência (f) bancária	virement (m) bancaire	[virmɑ̃ bɑ̃kɛr]
transferir (vt)	faire un transfert	[fɛr œ̃ trɑ̃sfɛr]

| soma (f) | somme (f) | [sɔm] |
| Quanto? | Combien? | [kɔ̃bjɛ̃] |

| assinatura (f) | signature (f) | [siɲatyr] |
| assinar (vt) | signer (vt) | [siɲe] |

cartão (m) de crédito	carte (f) de crédit	[kart də kredi]
código (m)	code (m)	[kɔd]
número (m)	numéro (m) de carte	[nymero də kart
do cartão de crédito	de crédit	də kredi]
Caixa Multibanco (m)	distributeur (m)	[distribytœr]

cheque (m)	chèque (m)	[ʃɛk]
passar um cheque	faire un chèque	[fɛr œ̃ ʃɛk]
livro (m) de cheques	chéquier (m)	[ʃekje]

empréstimo (m)	crédit (m)	[kredi]
pedir um empréstimo	demander un crédit	[dəmɑ̃de œ̃ kredi]
obter um empréstimo	prendre un crédit	[prɑ̃dr œ̃ kredi]
conceder um empréstimo	accorder un crédit	[akɔrde œ̃ kredi]
garantia (f)	gage (m)	[gaʒ]

44. Telefone. Conversação telefónica

telefone (m)	téléphone (m)	[telefɔn]
telemóvel (m)	portable (m)	[pɔrtabl]
secretária (f) electrónica	répondeur (m)	[repɔ̃dœr]

| fazer uma chamada | téléphoner, appeler | [telefɔne], [aple] |
| chamada (f) | appel (m) | [apɛl] |

marcar um número	composer le numéro	[kɔ̃poze lə nymero]
Alô!	Allô!	[alo]
perguntar (vt)	demander (vt)	[dəmɑ̃de]
responder (vt)	répondre (vi, vt)	[repɔ̃dr]
ouvir (vt)	entendre (vt)	[ɑ̃tɑ̃dr]

bem	**bien** (adv)	[bjɛ̃]
mal	**mal** (adv)	[mal]
ruído (m)	**bruits** (m pl)	[bryi]

auscultador (m)	**récepteur** (m)	[resɛptœr]
pegar o telefone	**décrocher** (vt)	[dekrɔʃe]
desligar (vi)	**raccrocher** (vi)	[rakrɔʃe]

ocupado	**occupé** (adj)	[ɔkype]
tocar (vi)	**sonner** (vi)	[sɔ̃]
lista (f) telefónica	**carnet** (m) **de téléphone**	[karnɛ də telefɔn]

local	**local** (adj)	[lɔkal]
chamada (f) local	**appel** (m) **local**	[apɛl lɔkal]
de longa distância	**interurbain** (adj)	[ɛ̃tɛryrbɛ̃]
chamada (f) de longa distância	**appel** (m) **interurbain**	[apɛl ɛ̃tɛryrbɛ̃]
internacional	**international** (adj)	[ɛ̃tɛrnasjɔnal]
chamada (f) internacional	**appel** (m) **international**	[apɛl ɛ̃tɛrnasjɔnal]

45. Telefone móvel

telemóvel (m)	**portable** (m)	[pɔrtabl]
ecrã (m)	**écran** (m)	[ekrɑ̃]
botão (m)	**bouton** (m)	[butɔ̃]
cartão SIM (m)	**carte SIM** (f)	[kart sım]

bateria (f)	**pile** (f)	[pil]
descarregar-se	**être déchargé**	[ɛtr deʃarʒe]
carregador (m)	**chargeur** (m)	[ʃarʒœr]

menu (m)	**menu** (m)	[məny]
definições (f pl)	**réglages** (m pl)	[reglaʒ]
melodia (f)	**mélodie** (f)	[melɔdi]
escolher (vt)	**sélectionner** (vt)	[selɛksjɔne]

calculadora (f)	**calculatrice** (f)	[kalkylatris]
correio (m) de voz	**répondeur** (m)	[repɔ̃dœr]
despertador (m)	**réveil** (m)	[revɛj]
contatos (m pl)	**contacts** (m pl)	[kɔ̃takt]

mensagem (f) de texto	**SMS** (m)	[esemes]
assinante (m)	**abonné** (m)	[abɔne]

46. Estacionário

caneta (f)	**stylo** (m) **à bille**	[stilo ɑ bij]
caneta (f) tinteiro	**stylo** (m) **à plume**	[stilo ɑ plym]

lápis (m)	**crayon** (m)	[krɛjɔ̃]
marcador (m)	**marqueur** (m)	[markœr]
caneta (f) de feltro	**feutre** (m)	[føtr]

bloco (m) de notas	bloc-notes (m)	[bloknɔt]
agenda (f)	agenda (m)	[aʒɛ̃da]

régua (f)	règle (f)	[rɛgl]
calculadora (f)	calculatrice (f)	[kalkylatris]
borracha (f)	gomme (f)	[gɔm]
pionés (m)	punaise (f)	[pynɛz]
clipe (m)	trombone (m)	[trɔ̃bɔn]

cola (f)	colle (f)	[kɔl]
agrafador (m)	agrafeuse (f)	[agraføz]
furador (m)	perforateur (m)	[pɛrfɔratœr]
afia-lápis (m)	taille-crayon (m)	[tajkrɛjɔ̃]

47. Línguas estrangeiras

língua (f)	langue (f)	[lɑ̃g]
língua (f) estrangeira	langue (f) étrangère	[lɑ̃g etrɑ̃ʒɛr]
estudar (vt)	étudier (vt)	[etydje]
aprender (vt)	apprendre (vt)	[aprɑ̃dr]

ler (vt)	lire (vi, vt)	[lir]
falar (vi)	parler (vi)	[parle]
compreender (vt)	comprendre (vt)	[kɔ̃prɑ̃dr]
escrever (vt)	écrire (vt)	[ekrir]

rapidamente	vite (adv)	[vit]
devagar	lentement (adv)	[lɑ̃tmɑ̃]
fluentemente	couramment (adv)	[kuramɑ̃]

regras (f pl)	règles (f pl)	[rɛgl]
gramática (f)	grammaire (f)	[gramɛr]
vocabulário (m)	vocabulaire (m)	[vɔkabylɛr]
fonética (f)	phonétique (f)	[fɔnetik]

manual (m) escolar	manuel (m)	[manɥɛl]
dicionário (m)	dictionnaire (m)	[diksjɔnɛr]
manual (m) de autoaprendizagem	manuel (m) autodidacte	[manɥɛl otodidakt]
guia (m) de conversação	guide (m) de conversation	[gid də kɔ̃vɛrsasjɔ̃]

cassete (f)	cassette (f)	[kasɛt]
vídeo cassete (m)	cassette (f) vidéo	[kasɛt video]
CD (m)	CD (m)	[sede]
DVD (m)	DVD (m)	[devede]

alfabeto (m)	alphabet (m)	[alfabɛ]
soletrar (vt)	épeler (vt)	[eple]
pronúncia (f)	prononciation (f)	[prɔnɔ̃sjasjɔ̃]

sotaque (m)	accent (m)	[aksɑ̃]
com sotaque	avec un accent	[avɛk œn aksɑ̃]
sem sotaque	sans accent	[sɑ̃ zaksɑ̃]
palavra (f)	mot (m)	[mo]

sentido (m)	sens (m)	[sãs]
cursos (m pl)	cours (m pl)	[kur]
inscrever-se (vr)	s'inscrire (vp)	[sɛ̃skrir]
professor (m)	professeur (m)	[prɔfɛsœr]

tradução (processo)	traduction (f)	[tradyksjɔ̃]
tradução (texto)	traduction (f)	[tradyksjɔ̃]
tradutor (m)	traducteur (m)	[tradyktœr]
intérprete (m)	interprète (m)	[ɛ̃tɛrprɛt]

| poliglota (m) | polyglotte (m) | [pɔliglɔt] |
| memória (f) | mémoire (f) | [memwar] |

REFEIÇÕES. RESTAURANTE

48. Por a mesa

colher (f)	cuillère (f)	[kɥijɛr]
faca (f)	couteau (m)	[kuto]
garfo (m)	fourchette (f)	[furʃɛt]
chávena (f)	tasse (f)	[tɑs]
prato (m)	assiette (f)	[asjɛt]
pires (m)	soucoupe (f)	[sukup]
guardanapo (m)	serviette (f)	[sɛrvjɛt]
palito (m)	cure-dent (m)	[kyrdɑ̃]

49. Restaurante

restaurante (m)	restaurant (m)	[rɛstɔrɑ̃]
café (m)	salon (m) de café	[salɔ̃ də kafe]
bar (m), cervejaria (f)	bar (m)	[bar]
salão (m) de chá	salon (m) de thé	[salɔ̃ də te]
empregado (m) de mesa	serveur (m)	[sɛrvœr]
empregada (f) de mesa	serveuse (f)	[sɛrvøz]
barman (m)	barman (m)	[barman]
ementa (f)	carte (f)	[kart]
lista (f) de vinhos	carte (f) des vins	[kart de vɛ̃]
reservar uma mesa	réserver une table	[rezɛrve yn tabl]
prato (m)	plat (m)	[pla]
pedir (vt)	commander (vt)	[kɔmɑ̃de]
fazer o pedido	faire la commande	[fɛr la kɔmɑ̃d]
aperitivo (m)	apéritif (m)	[aperitif]
entrada (f)	hors-d'œuvre (m)	[ɔrdœvr]
sobremesa (f)	dessert (m)	[desɛr]
conta (f)	addition (f)	[adisjɔ̃]
pagar a conta	régler l'addition	[regle ladisjɔ̃]
dar o troco	rendre la monnaie	[rɑ̃dr la mɔnɛ]
gorjeta (f)	pourboire (m)	[purbwar]

50. Refeições

comida (f)	nourriture (f)	[nurityr]
comer (vt)	manger (vi, vt)	[mɑ̃ʒe]

pequeno-almoço (m)	petit déjeuner (m)	[pəti deʒœne]
tomar o pequeno-almoço	prendre le petit déjeuner	[prãdr ləpti deʒœne]
almoço (m)	déjeuner (m)	[deʒœne]
almoçar (vi)	déjeuner (vi)	[deʒœne]
jantar (m)	dîner (m)	[dine]
jantar (vi)	dîner (vi)	[dine]

apetite (m)	appétit (m)	[apeti]
Bom apetite!	Bon appétit!	[bɔn apeti]

abrir (~ uma lata, etc.)	ouvrir (vt)	[uvrir]
derramar (vt)	renverser (vt)	[rãvɛrse]
derramar-se (vr)	se renverser (vp)	[sə rãvɛrse]

ferver (vi)	bouillir (vi)	[bujir]
ferver (vt)	faire bouillir	[fɛr bujir]
fervido	bouilli (adj)	[buji]
arrefecer (vt)	refroidir (vt)	[rəfrwadir]
arrefecer-se (vr)	se refroidir (vp)	[sə rəfrwadir]

sabor, gosto (m)	goût (m)	[gu]
gostinho (m)	arrière-goût (m)	[arjɛrgu]

fazer dieta	suivre un régime	[sɥivr œ̃ reʒim]
dieta (f)	régime (m)	[reʒim]
vitamina (f)	vitamine (f)	[vitamin]
caloria (f)	calorie (f)	[kalɔri]
vegetariano (m)	végétarien (m)	[veʒetarjɛ̃]
vegetariano	végétarien (adj)	[veʒetarjɛ̃]

gorduras (f pl)	lipides (m pl)	[lipid]
proteínas (f pl)	protéines (f pl)	[prɔtein]
carboidratos (m pl)	glucides (m pl)	[glysid]
fatia (~ de limão, etc.)	tranche (f)	[trãʃ]
pedaço (~ de bolo)	morceau (m)	[mɔrso]
migalha (f)	miette (f)	[mjɛt]

51. Pratos cozinhados

prato (m)	plat (m)	[pla]
cozinha (~ portuguesa)	cuisine (f)	[kɥizin]
receita (f)	recette (f)	[rəsɛt]
porção (f)	portion (f)	[pɔrsjɔ̃]

salada (f)	salade (f)	[salad]
sopa (f)	soupe (f)	[sup]

caldo (m)	bouillon (m)	[bujɔ̃]
sandes (f)	sandwich (m)	[sãdwitʃ]
ovos (m pl) estrelados	les œufs brouillés	[lezø bruje]

hambúrguer (m)	hamburger (m)	[ãbœrgœr]
bife (m)	steak (m)	[stɛk]
conduto (m)	garniture (f)	[garnityr]

espaguete (m)	spaghettis (m pl)	[spagɛti]
puré (m) de batata	purée (f)	[pyre]
pizza (f)	pizza (f)	[pidza]
papa (f)	bouillie (f)	[buji]
omelete (f)	omelette (f)	[ɔmlɛt]

cozido em água	cuit à l'eau (adj)	[kɥitɑlo]
fumado	fumé (adj)	[fyme]
frito	frit (adj)	[fri]
seco	sec (adj)	[sɛk]
congelado	congelé (adj)	[kɔ̃ʒle]
em conserva	mariné (adj)	[marine]

doce (açucarado)	sucré (adj)	[sykre]
salgado	salé (adj)	[sale]
frio	froid (adj)	[frwa]
quente	chaud (adj)	[ʃo]
amargo	amer (adj)	[amɛr]
gostoso	bon (adj)	[bɔ̃]

cozinhar (em água a ferver)	cuire à l'eau	[kɥir a lo]
fazer, preparar (vt)	préparer (vt)	[prepare]
fritar (vt)	faire frire	[fɛr frir]
aquecer (vt)	réchauffer (vt)	[reʃofe]

salgar (vt)	saler (vt)	[sale]
apimentar (vt)	poivrer (vt)	[pwavre]
ralar (vt)	râper (vt)	[rɑpe]
casca (f)	peau (f)	[po]
descascar (vt)	éplucher (vt)	[eplyʃe]

52. Comida

carne (f)	viande (f)	[vjãd]
galinha (f)	poulet (m)	[pulɛ]
frango (m)	poulet (m)	[pulɛ]
pato (m)	canard (m)	[kanar]
ganso (m)	oie (f)	[wa]
caça (f)	gibier (m)	[ʒibje]
peru (m)	dinde (f)	[dɛ̃d]

carne (f) de porco	du porc	[dy pɔr]
carne (f) de vitela	du veau	[dy vo]
carne (f) de carneiro	du mouton	[dy mutɔ̃]
carne (f) de vaca	du bœuf	[dy bœf]
carne (f) de coelho	lapin (m)	[lapɛ̃]

chouriço, salsichão (m)	saucisson (m)	[sosisɔ̃]
salsicha (f)	saucisse (f)	[sosis]
bacon (m)	bacon (m)	[bekɔn]
fiambre (f)	jambon (m)	[ʒãbɔ̃]
presunto (m)	cuisse (f)	[kɥis]
patê (m)	pâté (m)	[pate]
fígado (m)	foie (m)	[fwa]

| carne (f) moída | farce (f) | [fars] |
| língua (f) | langue (f) | [lãg] |

ovo (m)	œuf (m)	[œf]
ovos (m pl)	les œufs	[lezø]
clara (f) do ovo	blanc (m) d'œuf	[blã dœf]
gema (f) do ovo	jaune (m) d'œuf	[ʒon dœf]

peixe (m)	poisson (m)	[pwasõ]
mariscos (m pl)	fruits (m pl) de mer	[frɥi də mɛr]
crustáceos (m pl)	crustacés (m pl)	[krystase]
caviar (m)	caviar (m)	[kavjar]

caranguejo (m)	crabe (m)	[krab]
camarão (m)	crevette (f)	[krəvɛt]
ostra (f)	huître (f)	[ɥitr]
lagosta (f)	langoustine (f)	[lãgustin]
polvo (m)	poulpe (m)	[pulp]
lula (f)	calamar (m)	[kalamar]

esturjão (m)	esturgeon (m)	[ɛstyrʒõ]
salmão (m)	saumon (m)	[somõ]
halibute (m)	flétan (m)	[fletã]

bacalhau (m)	morue (f)	[mɔry]
cavala, sarda (f)	maquereau (m)	[makro]
atum (m)	thon (m)	[tõ]
enguia (f)	anguille (f)	[ãgij]

truta (f)	truite (f)	[trɥit]
sardinha (f)	sardine (f)	[sardin]
lúcio (m)	brochet (m)	[brɔʃɛ]
arenque (m)	hareng (m)	[arã]

pão (m)	pain (m)	[pɛ̃]
queijo (m)	fromage (m)	[frɔmaʒ]
açúcar (m)	sucre (m)	[sykr]
sal (m)	sel (m)	[sɛl]

arroz (m)	riz (m)	[ri]
massas (f pl)	pâtes (m pl)	[pɑt]
talharim (m)	nouilles (f pl)	[nuj]

manteiga (f)	beurre (m)	[bœr]
óleo (m) vegetal	huile (f) végétale	[ɥil veʒetal]
óleo (m) de girassol	huile (f) de tournesol	[ɥil də turnəsɔl]
margarina (f)	margarine (f)	[margarin]

| azeitonas (f pl) | olives (f pl) | [ɔliv] |
| azeite (m) | huile (f) d'olive | [ɥil dɔliv] |

leite (m)	lait (m)	[lɛ]
leite (m) condensado	lait (m) condensé	[lɛ kõdãse]
iogurte (m)	yogourt (m)	[jaurt]
nata (f) azeda	crème (f) aigre	[krɛm ɛgr]
nata (f) do leite	crème (f)	[krɛm]

| maionese (f) | sauce (f) mayonnaise | [sos majɔnɛz] |
| creme (m) | crème (f) au beurre | [krɛm o bœr] |

grãos (m pl) de cereais	gruau (m)	[gryo]
farinha (f)	farine (f)	[farin]
enlatados (m pl)	conserves (f pl)	[kɔ̃sɛrv]

flocos (m pl) de milho	pétales (m pl) de maïs	[petal də mais]
mel (m)	miel (m)	[mjɛl]
doce (m)	confiture (f)	[kɔ̃fityr]
pastilha (f) elástica	gomme (f) à mâcher	[gɔm ɑ mɑʃe]

53. Bebidas

água (f)	eau (f)	[o]
água (f) potável	eau (f) potable	[o pɔtabl]
água (f) mineral	eau (f) minérale	[o mineral]

sem gás	plate (adj)	[plat]
gaseificada	gazeuse (adj)	[gazøz]
com gás	pétillante (adj)	[petijɑ̃t]
gelo (m)	glace (f)	[glas]
com gelo	avec de la glace	[avɛk dəla glas]

sem álcool	sans alcool	[sɑ̃ zalkɔl]
bebida (f) sem álcool	boisson (f) non alcoolisée	[bwasɔ̃ nonalkɔlize]
refresco (m)	rafraîchissement (m)	[rafrɛʃismɑ̃]
limonada (f)	limonade (f)	[limɔnad]

bebidas (f pl) alcoólicas	boissons (f pl) alcoolisées	[bwasɔ̃ alkɔlize]
vinho (m)	vin (m)	[vɛ̃]
vinho (m) branco	vin (m) blanc	[vɛ̃ blɑ̃]
vinho (m) tinto	vin (m) rouge	[vɛ̃ ruʒ]

licor (m)	liqueur (f)	[likœr]
champanhe (m)	champagne (m)	[ʃɑ̃paɲ]
vermute (m)	vermouth (m)	[vɛrmut]

uísque (m)	whisky (m)	[wiski]
vodka (f)	vodka (f)	[vɔdka]
gim (m)	gin (m)	[dʒin]
conhaque (m)	cognac (m)	[kɔɲak]
rum (m)	rhum (m)	[rɔm]

café (m)	café (m)	[kafe]
café (m) puro	café (m) noir	[kafe nwar]
café (m) com leite	café (m) au lait	[kafe o lɛ]
cappuccino (m)	cappuccino (m)	[kaputʃino]
café (m) solúvel	café (m) soluble	[kafe sɔlybl]

leite (m)	lait (m)	[lɛ]
coquetel (m)	cocktail (m)	[kɔktɛl]
batido (m) de leite	cocktail (m) au lait	[kɔktɛl o lɛ]
sumo (m)	jus (m)	[ʒy]

sumo (m) de tomate	jus (m) de tomate	[ʒy də tɔmat]
sumo (m) de laranja	jus (m) d'orange	[ʒy dɔrɑ̃ʒ]
sumo (m) fresco	jus (m) pressé	[ʒy prese]
cerveja (f)	bière (f)	[bjɛr]
cerveja (f) clara	bière (f) blonde	[bjɛr blɔ̃d]
cerveja (f) preta	bière (f) brune	[bjɛr bryn]
chá (m)	thé (m)	[te]
chá (m) preto	thé (m) noir	[te nwar]
chá (m) verde	thé (m) vert	[te vɛr]

54. Vegetais

legumes (m pl)	légumes (m pl)	[legym]
verduras (f pl)	verdure (f)	[vɛrdyr]
tomate (m)	tomate (f)	[tɔmat]
pepino (m)	concombre (m)	[kɔ̃kɔ̃br]
cenoura (f)	carotte (f)	[karɔt]
batata (f)	pomme (f) de terre	[pɔm də tɛr]
cebola (f)	oignon (m)	[ɔɲɔ̃]
alho (m)	ail (m)	[aj]
couve (f)	chou (m)	[ʃu]
couve-flor (f)	chou-fleur (m)	[ʃuflœr]
couve-de-bruxelas (f)	chou (m) de Bruxelles	[ʃu də brysɛl]
brócolos (m pl)	brocoli (m)	[brɔkɔli]
beterraba (f)	betterave (f)	[bɛtrav]
beringela (f)	aubergine (f)	[obɛrʒin]
curgete (f)	courgette (f)	[kurʒɛt]
abóbora (f)	potiron (m)	[pɔtirɔ̃]
nabo (m)	navet (m)	[navɛ]
salsa (f)	persil (m)	[pɛrsi]
funcho, endro (m)	fenouil (m)	[fənuj]
alface (f)	laitue (f), salade (f)	[lety], [salad]
aipo (m)	céleri (m)	[sɛlri]
espargo (m)	asperge (f)	[aspɛrʒ]
espinafre (m)	épinard (m)	[epinar]
ervilha (f)	pois (m)	[pwa]
fava (f)	fèves (f pl)	[fɛv]
milho (m)	maïs (m)	[mais]
feijão (m)	haricot (m)	[ariko]
pimentão (m)	poivron (m)	[pwavrɔ̃]
rabanete (m)	radis (m)	[radi]
alcachofra (f)	artichaut (m)	[artiʃo]

55. Frutos. Nozes

fruta (f)	fruit (m)	[frɥi]
maçã (f)	pomme (f)	[pɔm]
pera (f)	poire (f)	[pwar]
limão (m)	citron (m)	[sitrɔ̃]
laranja (f)	orange (f)	[ɔrɑ̃ʒ]
morango (m)	fraise (f)	[frɛz]
tangerina (f)	mandarine (f)	[mɑ̃darin]
ameixa (f)	prune (f)	[pryn]
pêssego (m)	pêche (f)	[pɛʃ]
damasco (m)	abricot (m)	[abriko]
framboesa (f)	framboise (f)	[frɑ̃bwaz]
ananás (m)	ananas (m)	[anana]
banana (f)	banane (f)	[banan]
melancia (f)	pastèque (f)	[pastɛk]
uva (f)	raisin (m)	[rɛzɛ̃]
ginja (f)	cerise (f)	[səriz]
cereja (f)	merise (f)	[məriz]
meloa (f)	melon (m)	[məlɔ̃]
toranja (f)	pamplemousse (m)	[pɑ̃pləmus]
abacate (m)	avocat (m)	[avɔka]
papaia (f)	papaye (f)	[papaj]
manga (f)	mangue (f)	[mɑ̃g]
romã (f)	grenade (f)	[grənad]
groselha (f) vermelha	groseille (f) rouge	[grozɛj ruʒ]
groselha (f) preta	cassis (m)	[kasis]
groselha (f) espinhosa	groseille (f) verte	[grozɛj vɛrt]
mirtilo (m)	myrtille (f)	[mirtij]
amora silvestre (f)	mûre (f)	[myr]
uvas (f pl) passas	raisin (m) sec	[rɛzɛ̃ sɛk]
figo (m)	figue (f)	[fig]
tâmara (f)	datte (f)	[dat]
amendoim (m)	cacahuète (f)	[kakawɛt]
amêndoa (f)	amande (f)	[amɑ̃d]
noz (f)	noix (f)	[nwa]
avelã (f)	noisette (f)	[nwazɛt]
coco (m)	noix (f) de coco	[nwa də kɔkɔ]
pistáchios (m pl)	pistaches (f pl)	[pistaʃ]

56. Pão. Bolaria

pastelaria (f)	confiserie (f)	[kɔ̃fizri]
pão (m)	pain (m)	[pɛ̃]
bolacha (f)	biscuit (m)	[biskɥi]
chocolate (m)	chocolat (m)	[ʃɔkɔla]
de chocolate	en chocolat (adj)	[ɑ̃ ʃɔkɔla]

rebuçado (m)	bonbon (m)	[bõbõ]
bolo (cupcake, etc.)	gâteau (m)	[gato]
bolo (m) de aniversário	tarte (f)	[tart]

tarte (~ de maçã)	gâteau (m)	[gato]
recheio (m)	garniture (f)	[garnityr]

doce (m)	confiture (f)	[kõfityr]
geleia (f) de frutas	marmelade (f)	[marmǝlad]
waffle (m)	gaufre (f)	[gofr]
gelado (m)	glace (f)	[glas]
pudim (m)	pudding (m)	[pudiŋ]

57. Especiarias

sal (m)	sel (m)	[sɛl]
salgado	salé (adj)	[sale]
salgar (vt)	saler (vt)	[sale]

pimenta (f) preta	poivre (m) noir	[pwavr nwar]
pimenta (f) vermelha	poivre (m) rouge	[pwavr ruʒ]
mostarda (f)	moutarde (f)	[mutard]
raiz-forte (f)	raifort (m)	[rɛfɔr]

condimento (m)	condiment (m)	[kõdimã]
especiaria (f)	épice (f)	[epis]
molho (m)	sauce (f)	[sos]
vinagre (m)	vinaigre (m)	[vinɛgr]

anis (m)	anis (m)	[ani(s)]
manjericão (m)	basilic (m)	[bazilik]
cravo (m)	clou (m) de girofle	[klu dǝ ʒirɔfl]
gengibre (m)	gingembre (m)	[ʒɛ̃ʒãbr]
coentro (m)	coriandre (m)	[kɔrjãdr]
canela (f)	cannelle (f)	[kanɛl]

sésamo (m)	sésame (m)	[sezam]
folhas (f pl) de louro	feuille (f) de laurier	[fœj dǝ lɔrje]
páprica (f)	paprika (m)	[paprika]
cominho (m)	cumin (m)	[kymɛ̃]
açafrão (m)	safran (m)	[safrã]

INFORMAÇÃO PESSOAL. FAMÍLIA

58. Informação pessoal. Formulários

nome (m)	prénom (m)	[prenɔ̃]
apelido (m)	nom (m) de famille	[nɔ̃ də famij]
data (f) de nascimento	date (f) de naissance	[dat də nɛsɑ̃s]
local (m) de nascimento	lieu (m) de naissance	[ljø də nɛsɑ̃s]
nacionalidade (f)	nationalité (f)	[nasjɔnalite]
lugar (m) de residência	domicile (m)	[dɔmisil]
país (m)	pays (m)	[pei]
profissão (f)	profession (f)	[prɔfɛsjɔ̃]
sexo (m)	sexe (m)	[sɛks]
estatura (f)	taille (f)	[taj]
peso (m)	poids (m)	[pwa]

59. Membros da família. Parentes

mãe (f)	mère (f)	[mɛr]
pai (m)	père (m)	[pɛr]
filho (m)	fils (m)	[fis]
filha (f)	fille (f)	[fij]
filha (f) mais nova	fille (f) cadette	[fij kadɛt]
filho (m) mais novo	fils (m) cadet	[fis kadɛ]
filha (f) mais velha	fille (f) aînée	[fij ene]
filho (m) mais velho	fils (m) aîné	[fis ene]
irmão (m)	frère (m)	[frɛr]
irmã (f)	sœur (f)	[sœr]
primo (m)	cousin (m)	[kuzɛ̃]
prima (f)	cousine (f)	[kuzin]
mamã (f)	maman (f)	[mamɑ̃]
papá (m)	papa (m)	[papa]
pais (pl)	parents (pl)	[parɑ̃]
criança (f)	enfant (m, f)	[ɑ̃fɑ̃]
crianças (f pl)	enfants (pl)	[ɑ̃fɑ̃]
avó (f)	grand-mère (f)	[grɑ̃mɛr]
avô (m)	grand-père (m)	[grɑ̃pɛr]
neto (m)	petit-fils (m)	[pti fis]
neta (f)	petite-fille (f)	[ptit fij]
netos (pl)	petits-enfants (pl)	[pətizɑ̃fɑ̃]
tio (m)	oncle (m)	[ɔ̃kl]
tia (f)	tante (f)	[tɑ̃t]

| sobrinho (m) | neveu (m) | [nəvø] |
| sobrinha (f) | nièce (f) | [njɛs] |

sogra (f)	belle-mère (f)	[bɛlmɛr]
sogro (m)	beau-père (m)	[bopɛr]
genro (m)	gendre (m)	[ʒãdr]
madrasta (f)	belle-mère, marâtre (f)	[bɛlmɛr], [marɑtr]
padrasto (m)	beau-père (m)	[bopɛr]

criança (f) de colo	nourrisson (m)	[nurisɔ̃]
bebé (m)	bébé (m)	[bebe]
menino (m)	petit (m)	[pti]

mulher (f)	femme (f)	[fam]
marido (m)	mari (m)	[mari]
esposo (m)	époux (m)	[epu]
esposa (f)	épouse (f)	[epuz]

casado	marié (adj)	[marje]
casada	mariée (adj)	[marje]
solteiro	célibataire (adj)	[selibatɛr]
solteirão (m)	célibataire (m)	[selibatɛr]
divorciado	divorcé (adj)	[divɔrse]
viúva (f)	veuve (f)	[vœv]
viúvo (m)	veuf (m)	[vœf]

parente (m)	parent (m)	[parã]
parente (m) próximo	parent (m) proche	[parã prɔʃ]
parente (m) distante	parent (m) éloigné	[parã elwaɲe]
parentes (m pl)	parents (m pl)	[parã]

órfão (m)	orphelin (m)	[ɔrfəlɛ̃]
órfã (f)	orpheline (f)	[ɔrfəlin]
tutor (m)	tuteur (m)	[tytœr]
adotar (um filho)	adopter (vt)	[adɔpte]
adotar (uma filha)	adopter (vt)	[adɔpte]

60. Amigos. Colegas de trabalho

amigo (m)	ami (m)	[ami]
amiga (f)	amie (f)	[ami]
amizade (f)	amitié (f)	[amitje]
ser amigos	être ami	[ɛtr ami]

amigo (m)	copain (m)	[kɔpɛ̃]
amiga (f)	copine (f)	[kɔpin]
parceiro (m)	partenaire (m)	[partənɛr]

chefe (m)	chef (m)	[ʃɛf]
superior (m)	supérieur (m)	[syperjœr]
proprietário (m)	propriétaire (m)	[prɔprijetɛr]
subordinado (m)	subordonné (m)	[sybɔrdɔne]
colega (m)	collègue (m, f)	[kɔlɛg]
conhecido (m)	connaissance (f)	[kɔnɛsãs]

companheiro (m) de viagem	compagnon (m) de route	[kɔ̃paɲɔ̃ də rut]
colega (m) de classe	copain (m) de classe	[kɔpɛ̃ də klas]
vizinho (m)	voisin (m)	[vwazɛ̃]
vizinha (f)	voisine (f)	[vwazin]
vizinhos (pl)	voisins (m pl)	[vwazɛ̃]

CORPO HUMANO. MEDICINA

61. Cabeça

cabeça (f)	tête (f)	[tɛt]
cara (f)	visage (m)	[vizaʒ]
nariz (m)	nez (m)	[ne]
boca (f)	bouche (f)	[buʃ]

olho (m)	œil (m)	[œj]
olhos (m pl)	les yeux	[lezjø]
pupila (f)	pupille (f)	[pypij]
sobrancelha (f)	sourcil (m)	[sursi]
pestana (f)	cil (m)	[sil]
pálpebra (f)	paupière (f)	[popjɛr]

língua (f)	langue (f)	[lãg]
dente (m)	dent (f)	[dã]
lábios (m pl)	lèvres (f pl)	[lɛvr]
maçãs (f pl) do rosto	pommettes (f pl)	[pomɛt]
gengiva (f)	gencive (f)	[ʒãsiv]
palato (m)	palais (m)	[palɛ]

narinas (f pl)	narines (f pl)	[narin]
queixo (m)	menton (m)	[mãtõ]
mandíbula (f)	mâchoire (f)	[maʃwar]
bochecha (f)	joue (f)	[ʒu]

testa (f)	front (m)	[frõ]
têmpora (f)	tempe (f)	[tãp]
orelha (f)	oreille (f)	[ɔrɛj]
nuca (f)	nuque (f)	[nyk]
pescoço (m)	cou (m)	[ku]
garganta (f)	gorge (f)	[gɔrʒ]

cabelos (m pl)	cheveux (m pl)	[ʃəvø]
penteado (m)	coiffure (f)	[kwafyr]
corte (m) de cabelo	coupe (f)	[kup]
peruca (f)	perruque (f)	[peryk]

bigode (m)	moustache (f)	[mustaʃ]
barba (f)	barbe (f)	[barb]
usar, ter (~ barba, etc.)	porter (vt)	[pɔrte]
trança (f)	tresse (f)	[trɛs]
suíças (f pl)	favoris (m pl)	[favɔri]

ruivo	roux (adj)	[ru]
grisalho	gris (adj)	[gri]
calvo	chauve (adj)	[ʃov]
calva (f)	calvitie (f)	[kalvisi]

rabo-de-cavalo (m)	queue (f) de cheval	[kø də ʃəval]
franja (f)	frange (f)	[frɑ̃ʒ]

62. Corpo humano

mão (f)	main (f)	[mɛ̃]
braço (m)	bras (m)	[bra]

dedo (m)	doigt (m)	[dwa]
dedo (m) do pé	orteil (m)	[ɔrtɛj]
polegar (m)	pouce (m)	[pus]
dedo (m) mindinho	petit doigt (m)	[pəti dwa]
unha (f)	ongle (m)	[ɔ̃gl]

punho (m)	poing (m)	[pwɛ̃]
palma (f) da mão	paume (f)	[pom]
pulso (m)	poignet (m)	[pwaɲɛ]
antebraço (m)	avant-bras (m)	[avɑ̃bra]
cotovelo (m)	coude (m)	[kud]
ombro (m)	épaule (f)	[epol]

perna (f)	jambe (f)	[ʒɑ̃b]
pé (m)	pied (m)	[pje]
joelho (m)	genou (m)	[ʒənu]
barriga (f) da perna	mollet (m)	[mɔlɛ]
anca (f)	hanche (f)	[ɑ̃ʃ]
calcanhar (m)	talon (m)	[talɔ̃]

corpo (m)	corps (m)	[kɔr]
barriga (f)	ventre (m)	[vɑ̃tr]
peito (m)	poitrine (f)	[pwatrin]
seio (m)	sein (m)	[sɛ̃]
lado (m)	côté (m)	[kote]
costas (f pl)	dos (m)	[do]
região (f) lombar	reins (m pl),	[rɛn],
	région (f) lombaire	[reʒjɔ̃ lɔ̃bɛr]
cintura (f)	taille (f)	[taj]

umbigo (m)	nombril (m)	[nɔ̃bril]
nádegas (f pl)	fesses (f pl)	[fɛs]
traseiro (m)	derrière (m)	[dɛrjɛr]

sinal (m)	grain (m) de beauté	[grɛ̃ də bote]
sinal (m) de nascença	tache (f) de vin	[taʃ də vɛ̃]
tatuagem (f)	tatouage (m)	[tatwaʒ]
cicatriz (f)	cicatrice (f)	[sikatris]

63. Doenças

doença (f)	maladie (f)	[maladi]
estar doente	être malade	[ɛtr malad]
saúde (f)	santé (f)	[sɑ̃te]

nariz (m) a escorrer	rhume (m)	[rym]
amigdalite (f)	angine (f)	[ãʒin]
constipação (f)	refroidissement (m)	[rəfrwadismã]
constipar-se (vr)	prendre froid	[prãdr frwa]
bronquite (f)	bronchite (f)	[brõʃit]
pneumonia (f)	pneumonie (f)	[pnømɔni]
gripe (f)	grippe (f)	[grip]
míope	myope (adj)	[mjɔp]
presbita	presbyte (adj)	[prɛsbit]
estrabismo (m)	strabisme (m)	[strabism]
estrábico	strabique (adj)	[strabik]
catarata (f)	cataracte (f)	[katarakt]
glaucoma (m)	glaucome (m)	[glokom]
AVC (m), apoplexia (f)	insulte (f)	[ɛ̃sylt]
ataque (m) cardíaco	crise (f) cardiaque	[kriz kardjak]
enfarte (m) do miocárdio	infarctus (m) de myocarde	[ɛ̃farktys də mjokard]
paralisia (f)	paralysie (f)	[paralizi]
paralisar (vt)	paralyser (vt)	[paralize]
alergia (f)	allergie (f)	[alɛrʒi]
asma (f)	asthme (m)	[asm]
diabetes (f)	diabète (m)	[djabɛt]
dor (f) de dentes	mal (m) de dents	[mal də dã]
cárie (f)	carie (f)	[kari]
diarreia (f)	diarrhée (f)	[djare]
prisão (f) de ventre	constipation (f)	[kõstipasjõ]
desarranjo (m) intestinal	estomac (m) barbouillé	[ɛstɔma barbuje]
intoxicação (f) alimentar	intoxication (f) alimentaire	[ɛ̃tɔksikasjõ alimãtɛr]
intoxicar-se	être intoxiqué	[ɛtr ɛ̃tɔksike]
artrite (f)	arthrite (f)	[artrit]
raquitismo (m)	rachitisme (m)	[raʃitism]
reumatismo (m)	rhumatisme (m)	[rymatism]
arteriosclerose (f)	athérosclérose (f)	[ateroskleroz]
gastrite (f)	gastrite (f)	[gastrit]
apendicite (f)	appendicite (f)	[apɛ̃disit]
colecistite (f)	cholécystite (f)	[kɔlesistit]
úlcera (f)	ulcère (m)	[ylsɛr]
sarampo (m)	rougeole (f)	[ruʒɔl]
rubéola (f)	rubéole (f)	[rybeɔl]
iterícia (f)	jaunisse (f)	[ʒonis]
hepatite (f)	hépatite (f)	[epatit]
esquizofrenia (f)	schizophrénie (f)	[skizɔfreni]
raiva (f)	rage (f)	[raʒ]
neurose (f)	névrose (f)	[nevroz]
comoção (f) cerebral	commotion (f) cérébrale	[kɔmɔsjõ serebral]
cancro (m)	cancer (m)	[kãsɛr]
esclerose (f)	sclérose (f)	[skleroz]

esclerose (f) múltipla	sclérose (f) en plaques	[skleroz ɑ̃ plak]
alcoolismo (m)	alcoolisme (m)	[alkɔlism]
alcoólico (m)	alcoolique (m)	[alkɔlik]
sífilis (f)	syphilis (f)	[sifilis]
SIDA (f)	SIDA (m)	[sida]
tumor (m)	tumeur (f)	[tymœr]
maligno	maligne (adj)	[maliɲ]
benigno	bénigne (adj)	[beniɲ]
febre (f)	fièvre (f)	[fjɛvr]
malária (f)	malaria (f)	[malarja]
gangrena (f)	gangrène (f)	[gɑ̃grɛn]
enjoo (m)	mal (m) de mer	[mal də mɛr]
epilepsia (f)	épilepsie (f)	[epilɛpsi]
epidemia (f)	épidémie (f)	[epidemi]
tifo (m)	typhus (m)	[tifys]
tuberculose (f)	tuberculose (f)	[tybɛrkyloz]
cólera (f)	choléra (m)	[kɔlera]
peste (f)	peste (f)	[pɛst]

64. Sintomas. Tratamentos. Parte 1

sintoma (m)	symptôme (m)	[sɛ̃ptom]
temperatura (f)	température (f)	[tɑ̃peratyr]
febre (f)	fièvre (f)	[fjɛvr]
pulso (m)	pouls (m)	[pu]
vertigem (f)	vertige (m)	[vɛrtiʒ]
quente (testa, etc.)	chaud (adj)	[ʃo]
calafrio (m)	frisson (m)	[frisɔ̃]
pálido	pâle (adj)	[pɑl]
tosse (f)	toux (f)	[tu]
tossir (vi)	tousser (vi)	[tuse]
espirrar (vi)	éternuer (vi)	[etɛrnɥe]
desmaio (m)	évanouissement (m)	[evanwismɑ̃]
desmaiar (vi)	s'évanouir (vp)	[sevanwir]
nódoa (f) negra	bleu (m)	[blø]
galo (m)	bosse (f)	[bɔs]
magoar-se (vr)	se heurter (vp)	[sə œrte]
pisadura (f)	meurtrissure (f)	[mœrtrisyr]
aleijar-se (vr)	se faire mal	[sə fɛr mal]
coxear (vi)	boiter (vi)	[bwate]
deslocação (f)	foulure (f)	[fulyr]
deslocar (vt)	se démettre (vp)	[sə demɛtr]
fratura (f)	fracture (f)	[fraktyr]
fraturar (vt)	avoir une fracture	[avwar yn fraktyr]
corte (m)	coupure (f)	[kupyr]
cortar-se (vr)	se couper (vp)	[sə kupe]

hemorragia (f)	hémorragie (f)	[emɔraʒi]
queimadura (f)	brûlure (f)	[brylyr]
queimar-se (vr)	se brûler (vp)	[sə bryle]

picar (vt)	se piquer (vp)	[sə pike]
picar-se (vr)	se piquer (vp)	[sə pike]
lesionar (vt)	blesser (vt)	[blese]
lesão (m)	blessure (f)	[blesyr]
ferida (f), ferimento (m)	blessure (f)	[blesyr]
trauma (m)	trauma (m)	[troma]

delirar (vi)	délirer (vi)	[delire]
gaguejar (vi)	bégayer (vi)	[begeje]
insolação (f)	insolation (f)	[ɛ̃sɔlasjɔ̃]

65. Sintomas. Tratamentos. Parte 2

dor (f)	douleur (f)	[dulœr]
farpa (no dedo)	écharde (f)	[eʃard]

suor (m)	sueur (f)	[sɥœr]
suar (vi)	suer (vi)	[sɥe]
vómito (m)	vomissement (m)	[vɔmismɑ̃]
convulsões (f pl)	spasmes (m pl)	[spasm]

grávida	enceinte (adj)	[ɑ̃sɛ̃t]
nascer (vi)	naître (vi)	[nɛtr]
parto (m)	accouchement (m)	[akuʃmɑ̃]
dar à luz	accoucher (vt)	[akuʃe]
aborto (m)	avortement (m)	[avɔrtəmɑ̃]

respiração (f)	respiration (f)	[rɛspirasjɔ̃]
inspiração (f)	inhalation (f)	[inalasjɔ̃]
expiração (f)	expiration (f)	[ɛkspirasjɔ̃]
expirar (vi)	expirer (vi)	[ɛkspire]
inspirar (vi)	inspirer (vi)	[inale]

inválido (m)	invalide (m)	[ɛ̃valid]
aleijado (m)	handicapé (m)	[ɑ̃dikape]
toxicodependente (m)	drogué (m)	[drɔge]

surdo	sourd (adj)	[sur]
mudo	muet (adj)	[mɥɛ]
surdo-mudo	sourd-muet (adj)	[surmɥɛ]

louco (adj.)	fou (adj)	[fu]
louco (m)	fou (m)	[fu]
louca (f)	folle (f)	[fɔl]
ficar louco	devenir fou	[dəvnir fu]

gene (m)	gène (m)	[ʒɛn]
imunidade (f)	immunité (f)	[imynite]
hereditário	héréditaire (adj)	[ereditɛr]
congénito	congénital (adj)	[kɔ̃ʒenital]

vírus (m)	virus (m)	[virys]
micróbio (m)	microbe (m)	[mikrɔb]
bactéria (f)	bactérie (f)	[bakteri]
infeção (f)	infection (f)	[ɛ̃fɛksjɔ̃]

66. Sintomas. Tratamentos. Parte 3

hospital (m)	hôpital (m)	[ɔpital]
paciente (m)	patient (m)	[pasjɑ̃]
diagnóstico (m)	diagnostic (m)	[djagnɔstik]
cura (f)	cure (f)	[kyr]
tratamento (m) médico	traitement (m)	[trɛtmɑ̃]
curar-se (vr)	se faire soigner	[sə fɛr swaɲe]
tratar (vt)	traiter (vt)	[trete]
cuidar (pessoa)	soigner (vt)	[swaɲe]
cuidados (m pl)	soins (m pl)	[swɛ̃]
operação (f)	opération (f)	[ɔperasjɔ̃]
enfaixar (vt)	panser (vt)	[pɑ̃se]
enfaixamento (m)	pansement (m)	[pɑ̃smɑ̃]
vacinação (f)	vaccination (f)	[vaksinasjɔ̃]
vacinar (vt)	vacciner (vt)	[vaksine]
injeção (f)	piqûre (f)	[pikyr]
dar uma injeção	faire une piqûre	[fɛr yn pikyr]
ataque (~ de asma, etc.)	crise, attaque (f)	[kriz], [atak]
amputação (f)	amputation (f)	[ɑ̃pytasjɔ̃]
amputar (vt)	amputer (vt)	[ɑ̃pyte]
coma (f)	coma (m)	[kɔma]
estar em coma	être dans le coma	[ɛtr dɑ̃ lə kɔma]
reanimação (f)	réanimation (f)	[reanimasjɔ̃]
recuperar-se (vr)	se rétablir (vp)	[sə retablir]
estado (~ de saúde)	état (m)	[eta]
consciência (f)	conscience (f)	[kɔ̃sjɑ̃s]
memória (f)	mémoire (f)	[memwar]
tirar (vt)	arracher (vt)	[araʃe]
chumbo (m), obturação (f)	plombage (m)	[plɔ̃baʒ]
chumbar, obturar (vt)	plomber (vt)	[plɔ̃be]
hipnose (f)	hypnose (f)	[ipnoz]
hipnotizar (vt)	hypnotiser (vt)	[ipnɔtize]

67. Medicina. Drogas. Acessórios

medicamento (m)	médicament (m)	[medikamɑ̃]
remédio (m)	remède (m)	[rəmɛd]
receitar (vt)	prescrire (vt)	[prɛskrir]
receita (f)	ordonnance (f)	[ɔrdɔnɑ̃s]

comprimido (m)	comprimé (m)	[kɔ̃prime]
pomada (f)	onguent (m)	[ɔ̃gɑ̃]
ampola (f)	ampoule (f)	[ɑ̃pul]
preparado (m)	mixture (f)	[mikstyr]
xarope (m)	sirop (m)	[siro]
cápsula (f)	pilule (f)	[pilyl]
remédio (m) em pó	poudre (f)	[pudr]

ligadura (f)	bande (f)	[bɑ̃d]
algodão (m)	coton (m)	[kɔtɔ̃]
iodo (m)	iode (m)	[jɔd]

penso (m) rápido	sparadrap (m)	[sparadra]
conta-gotas (m)	compte-gouttes (m)	[kɔ̃tgut]
termómetro (m)	thermomètre (m)	[tɛrmɔmɛtr]
seringa (f)	seringue (f)	[sərɛ̃g]

cadeira (f) de rodas	fauteuil (m) roulant	[fotœj rulɑ̃]
muletas (f pl)	béquilles (f pl)	[bekij]

analgésico (m)	anesthésique (m)	[anɛstezik]
laxante (m)	purgatif (m)	[pyrgatif]
álcool (m) etílico	alcool (m)	[alkɔl]
ervas (f pl) medicinais	herbe (f) médicinale	[ɛrb medisinal]
de ervas (chá ~)	d'herbes (adj)	[dɛrb]

APARTAMENTO

68. Apartamento

apartamento (m)	appartement (m)	[apartəmã]
quarto (m)	chambre (f)	[ʃãbr]
quarto (m) de dormir	chambre (f) à coucher	[ʃãbr a kuʃe]
sala (f) de jantar	salle (f) à manger	[sal a mãʒe]
sala (f) de estar	salon (m)	[salɔ̃]
escritório (m)	bureau (m)	[byro]
antessala (f)	antichambre (f)	[ãtiʃãbr]
quarto (m) de banho	salle (f) de bains	[sal də bɛ̃]
toilette (lavabo)	toilettes (f pl)	[twalɛt]
teto (m)	plafond (m)	[plafɔ̃]
chão, soalho (m)	plancher (m)	[plãʃe]
canto (m)	coin (m)	[kwɛ̃]

69. Mobiliário. Interior

mobiliário (m)	meubles (m pl)	[mœbl]
mesa (f)	table (f)	[tabl]
cadeira (f)	chaise (f)	[ʃɛz]
cama (f)	lit (m)	[li]
divã (m)	canapé (m)	[kanape]
cadeirão (m)	fauteuil (m)	[fotœj]
estante (f)	bibliothèque (f)	[biblijotɛk]
prateleira (f)	rayon (m)	[rɛjɔ̃]
guarda-vestidos (m)	armoire (f)	[armwar]
cabide (m) de parede	patère (f)	[patɛr]
cabide (m) de pé	portemanteau (m)	[pɔrtmãto]
cómoda (f)	commode (f)	[kɔmɔd]
mesinha (f) de centro	table (f) basse	[tabl bas]
espelho (m)	miroir (m)	[mirwar]
tapete (m)	tapis (m)	[tapi]
tapete (m) pequeno	petit tapis (m)	[pəti tapi]
lareira (f)	cheminée (f)	[ʃəmine]
vela (f)	bougie (f)	[buʒi]
castiçal (m)	chandelier (m)	[ʃãdəlje]
cortinas (f pl)	rideaux (m pl)	[rido]
papel (m) de parede	papier (m) peint	[papje pɛ̃]

estores (f pl)	jalousie (f)	[ʒaluzi]
candeeiro (m) de mesa	lampe (f) de table	[lɑ̃p də tabl]
candeeiro (m) de parede	applique (f)	[aplik]
candeeiro (m) de pé	lampadaire (m)	[lɑ̃padɛr]
lustre (m)	lustre (m)	[lystr]

pé (de mesa, etc.)	pied (m)	[pje]
braço (m)	accoudoir (m)	[akudwar]
costas (f pl)	dossier (m)	[dosje]
gaveta (f)	tiroir (m)	[tirwar]

70. Quarto de dormir

roupa (f) de cama	linge (m) de lit	[lɛ̃ʒ də li]
almofada (f)	oreiller (m)	[ɔrɛje]
fronha (f)	taie (f) d'oreiller	[tɛ dɔrɛje]
cobertor (m)	couverture (f)	[kuvɛrtyr]
lençol (m)	drap (m)	[dra]
colcha (f)	couvre-lit (m)	[kuvrəli]

71. Cozinha

cozinha (f)	cuisine (f)	[kɥizin]
gás (m)	gaz (m)	[gaz]
fogão (m) a gás	cuisinière (f) à gaz	[kɥizinjɛr a gaz]
fogão (m) elétrico	cuisinière (f) électrique	[kɥizinjɛr elɛktrik]
forno (m)	four (m)	[fur]
forno (m) de micro-ondas	four (m) micro-ondes	[fur mikrɔ̃d]

frigorífico (m)	réfrigérateur (m)	[refriʒeratœr]
congelador (m)	congélateur (m)	[kɔ̃ʒelatœr]
máquina (f) de lavar louça	lave-vaisselle (m)	[lavvesɛl]

moedor (m) de carne	hachoir (m)	[aʃwar]
espremedor (m)	centrifugeuse (f)	[sɑ̃trifyʒøz]
torradeira (f)	grille-pain (m)	[grijpɛ̃]
batedeira (f)	batteur (m)	[batœr]

máquina (f) de café	machine (f) à café	[maʃin a kafe]
cafeteira (f)	cafetière (f)	[kaftjɛr]
moinho (m) de café	moulin (m) à café	[mulɛ̃ a kafe]

chaleira (f)	bouilloire (f)	[bujwar]
bule (m)	théière (f)	[tejɛr]
tampa (f)	couvercle (m)	[kuvɛrkl]
coador (m) de chá	passoire (f) à thé	[paswar a te]

colher (f)	cuillère (f)	[kɥijɛr]
colher (f) de chá	petite cuillère (f)	[pətit kɥijɛr]
colher (f) de sopa	cuillère (f) à soupe	[kɥijɛr a sup]
garfo (m)	fourchette (f)	[furʃɛt]
faca (f)	couteau (m)	[kuto]

louça (f)	vaisselle (f)	[vɛsɛl]
prato (m)	assiette (f)	[asjɛt]
pires (m)	soucoupe (f)	[sukup]

cálice (m)	verre (m) à shot	[vɛr a ʃot]
copo (m)	verre (m)	[vɛr]
chávena (f)	tasse (f)	[tɑs]

açucareiro (m)	sucrier (m)	[sykrije]
saleiro (m)	salière (f)	[saljɛr]
pimenteiro (m)	poivrière (f)	[pwavrijɛr]
manteigueira (f)	beurrier (m)	[bœrje]

panela, caçarola (f)	casserole (f)	[kasrɔl]
frigideira (f)	poêle (f)	[pwal]
concha (f)	louche (f)	[luʃ]
passador (m)	passoire (f)	[pɑswar]
bandeja (f)	plateau (m)	[plato]

garrafa (f)	bouteille (f)	[butɛj]
boião (m) de vidro	bocal (m)	[bɔkal]
lata (f)	boîte (f) en fer-blanc	[bwat ɑ̃ fɛrblɑ̃]

abre-garrafas (m)	ouvre-bouteille (m)	[uvrəbutɛj]
abre-latas (m)	ouvre-boîte (m)	[uvrəbwat]
saca-rolhas (m)	tire-bouchon (m)	[tirbuʃɔ̃]
filtro (m)	filtre (m)	[filtr]
filtrar (vt)	filtrer (vt)	[filtre]

| lixo (m) | ordures (f pl) | [ɔrdyr] |
| balde (m) do lixo | poubelle (f) | [pubɛl] |

72. Casa de banho

quarto (m) de banho	salle (f) de bains	[sal də bɛ̃]
água (f)	eau (f)	[o]
torneira (f)	robinet (m)	[rɔbinɛ]
água (f) quente	eau (f) chaude	[o ʃod]
água (f) fria	eau (f) froide	[o frwad]

pasta (f) de dentes	dentifrice (m)	[dɑ̃tifris]
escovar os dentes	se brosser les dents	[sə brɔse le dɑ̃]
escova (f) de dentes	brosse (f) à dents	[brɔs a dɑ̃]

barbear-se (vr)	se raser (vp)	[sə raze]
espuma (f) de barbear	mousse (f) à raser	[mus a raze]
máquina (f) de barbear	rasoir (m)	[razwar]

lavar (vt)	laver (vt)	[lave]
lavar-se (vr)	se laver (vp)	[sə lave]
duche (m)	douche (f)	[duʃ]
tomar um duche	prendre une douche	[prɑ̃dr yn duʃ]
banheira (f)	baignoire (f)	[bɛɲwar]
sanita (f)	cuvette (f)	[kyvɛt]

lavatório (m)	lavabo (m)	[lavabo]
sabonete (m)	savon (m)	[savõ]
saboneteira (f)	porte-savon (m)	[pɔrtsavõ]

esponja (f)	éponge (f)	[epõʒ]
champô (m)	shampooing (m)	[ʃãpwɛ̃]
toalha (f)	serviette (f)	[sɛrvjɛt]
roupão (m) de banho	peignoir (m) de bain	[pɛɲwar də bɛ̃]

lavagem (f)	lessive (f)	[lɛsiv]
máquina (f) de lavar	machine (f) à laver	[maʃin a lave]
lavar a roupa	faire la lessive	[fɛr la lɛsiv]
detergente (m)	lessive (f)	[lɛsiv]

73. Eletrodomésticos

televisor (m)	télé (f)	[tele]
gravador (m)	magnétophone (m)	[maɲetɔfɔn]
videogravador (m)	magnétoscope (m)	[maɲetɔskɔp]
rádio (m)	radio (f)	[radjo]
leitor (m)	lecteur (m)	[lɛktœr]

projetor (m)	vidéoprojecteur (m)	[videɔprɔʒɛktœr]
cinema (m) em casa	home cinéma (m)	[həʊm sinema]
leitor (m) de DVD	lecteur DVD (m)	[lɛktœr devede]
amplificador (m)	amplificateur (m)	[ãplifikatœr]
console (f) de jogos	console (f) de jeux	[kõsɔl də ʒø]

câmara (f) de vídeo	caméscope (m)	[kameskɔp]
máquina (f) fotográfica	appareil (m) photo	[aparɛj fɔto]
câmara (f) digital	appareil (m) photo numérique	[aparɛj fɔto nymerik]

aspirador (m)	aspirateur (m)	[aspiratœr]
ferro (m) de engomar	fer (m) à repasser	[fɛr a rəpase]
tábua (f) de engomar	planche (f) à repasser	[plãʃ a rəpase]

telefone (m)	téléphone (m)	[telefɔn]
telemóvel (m)	portable (m)	[pɔrtabl]
máquina (f) de escrever	machine (f) à écrire	[maʃin a ekrir]
máquina (f) de costura	machine (f) à coudre	[maʃin a kudr]

microfone (m)	micro (m)	[mikro]
auscultadores (m pl)	écouteurs (m pl)	[ekutœr]
controlo remoto (m)	télécommande (f)	[telekɔmãd]

CD (m)	CD (m)	[sede]
cassete (f)	cassette (f)	[kasɛt]
disco (m) de vinil	disque (m) vinyle	[disk vinil]

A TERRA. TEMPO

74. Espaço sideral

cosmos (m)	cosmos (m)	[kɔsmos]
cósmico	cosmique (adj)	[kɔsmik]
espaço (m) cósmico	espace (m) cosmique	[ɛspas kɔsmik]
mundo (m)	monde (m)	[mɔ̃d]
universo (m)	univers (m)	[ynivɛr]
galáxia (f)	galaxie (f)	[galaksi]
estrela (f)	étoile (f)	[etwal]
constelação (f)	constellation (f)	[kɔ̃stelasjɔ̃]
planeta (m)	planète (f)	[planɛt]
satélite (m)	satellite (m)	[satelit]
meteorito (m)	météorite (m)	[meteɔrit]
cometa (m)	comète (f)	[kɔmɛt]
asteroide (m)	astéroïde (m)	[asterɔid]
órbita (f)	orbite (f)	[ɔrbit]
girar (vi)	tourner (vi)	[turne]
atmosfera (f)	atmosphère (f)	[atmɔsfɛr]
Sol (m)	Soleil (m)	[sɔlɛj]
Sistema (m) Solar	système (m) solaire	[sistɛm sɔlɛr]
eclipse (m) solar	éclipse (f) de soleil	[leklips də sɔlɛj]
Terra (f)	Terre (f)	[tɛr]
Lua (f)	Lune (f)	[lyn]
Marte (m)	Mars (m)	[mars]
Vénus (f)	Vénus (f)	[venys]
Júpiter (m)	Jupiter (m)	[ʒypitɛr]
Saturno (m)	Saturne (m)	[satyrn]
Mercúrio (m)	Mercure (m)	[mɛrkyr]
Urano (m)	Uranus (m)	[yranys]
Neptuno (m)	Neptune	[nɛptyn]
Plutão (m)	Pluton (m)	[plytɔ̃]
Via Láctea (f)	la Voie Lactée	[la vwa lakte]
Ursa Maior (f)	la Grande Ours	[la grɑ̃d urs]
Estrela Polar (f)	la Polaire	[la pɔlɛr]
marciano (m)	martien (m)	[marsjɛ̃]
extraterrestre (m)	extraterrestre (m)	[ɛkstratɛrɛstr]
alienígena (m)	alien (m)	[aljen]

disco (m) voador	soucoupe (f) volante	[sukup vɔlãt]
nave (f) espacial	vaisseau (m) spatial	[vɛso spasjal]
estação (f) orbital	station (f) orbitale	[stasjɔ̃ ɔrbital]
lançamento (m)	lancement (m)	[lãsmã]

motor (m)	moteur (m)	[mɔtœr]
bocal (m)	tuyère (f)	[tyjɛr]
combustível (m)	carburant (m)	[karbyrã]

cabine (f)	cabine (f)	[kabin]
antena (f)	antenne (f)	[ãtɛn]

vigia (f)	hublot (m)	[yblo]
bateria (f) solar	batterie (f) solaire	[batri sɔlɛr]
traje (m) espacial	scaphandre (m)	[skafãdr]

imponderabilidade (f)	apesanteur (f)	[apezãtœr]
oxigénio (m)	oxygène (m)	[ɔksiʒɛn]

acoplagem (f)	arrimage (m)	[arimaʒ]
fazer uma acoplagem	s'arrimer à ...	[sarime a]

observatório (m)	observatoire (m)	[ɔpsɛrvatwar]
telescópio (m)	télescope (m)	[teleskɔp]

observar (vt)	observer (vt)	[ɔpsɛrve]
explorar (vt)	explorer (vt)	[ɛksplɔre]

75. A Terra

Terra (f)	Terre (f)	[tɛr]
globo terrestre (Terra)	globe (m) terrestre	[glɔb tɛrɛstr]
planeta (m)	planète (f)	[planɛt]

atmosfera (f)	atmosphère (f)	[atmɔsfɛr]
geografia (f)	géographie (f)	[ʒeografi]
natureza (f)	nature (f)	[natyr]

globo (mapa esférico)	globe (m) de table	[glɔb də tabl]
mapa (m)	carte (f)	[kart]
atlas (m)	atlas (m)	[atlas]

Europa (f)	Europe (f)	[ørɔp]
Ásia (f)	Asie (f)	[azi]

África (f)	Afrique (f)	[afrik]
Austrália (f)	Australie (f)	[ostrali]

América (f)	Amérique (f)	[amerik]
América (f) do Norte	Amérique (f) du Nord	[amerik dy nɔr]
América (f) do Sul	Amérique (f) du Sud	[amerik dy syd]

Antártida (f)	l'Antarctique (m)	[lãtarktik]
Ártico (m)	l'Arctique (m)	[larktik]

76. Pontos cardeais

norte (m)	nord (m)	[nɔr]
para norte	vers le nord	[vɛr lə nɔr]
no norte	au nord	[onɔr]
do norte	du nord (adj)	[dy nɔr]
sul (m)	sud (m)	[syd]
para sul	vers le sud	[vɛr lə syd]
no sul	au sud	[osyd]
do sul	du sud (adj)	[dy syd]
oeste, ocidente (m)	ouest (m)	[wɛst]
para oeste	vers l'occident	[vɛr lɔksidã]
no oeste	à l'occident	[alɔksidã]
ocidental	occidental (adj)	[ɔksidãtal]
leste, oriente (m)	est (m)	[ɛst]
para leste	vers l'orient	[vɛr lɔrjã]
no leste	à l'orient	[alɔrjã]
oriental	oriental (adj)	[ɔrjãtal]

77. Mar. Oceano

mar (m)	mer (f)	[mɛr]
oceano (m)	océan (m)	[ɔseã]
golfo (m)	golfe (m)	[gɔlf]
estreito (m)	détroit (m)	[detrwa]
terra (f) firme	terre (f) ferme	[tɛr fɛrm]
continente (m)	continent (m)	[kõtinã]
ilha (f)	île (f)	[il]
península (f)	presqu'île (f)	[prɛskil]
arquipélago (m)	archipel (m)	[arʃipɛl]
baía (f)	baie (f)	[bɛ]
porto (m)	port (m)	[pɔr]
lagoa (f)	lagune (f)	[lagyn]
cabo (m)	cap (m)	[kap]
atol (m)	atoll (m)	[atɔl]
recife (m)	récif (m)	[resif]
coral (m)	corail (m)	[kɔraj]
recife (m) de coral	récif (m) de corail	[resif də kɔraj]
profundo	profond (adj)	[prɔfõ]
profundidade (f)	profondeur (f)	[prɔfõdœr]
abismo (m)	abîme (m)	[abim]
fossa (f) oceânica	fosse (f) océanique	[fos ɔseanik]
corrente (f)	courant (m)	[kurã]
banhar (vt)	baigner (vt)	[beɲe]
litoral (m)	littoral (m)	[litɔral]

costa (f)	côte (f)	[kot]
maré (f) alta	marée (f) haute	[mare ot]
refluxo (m), maré (f) baixa	marée (f) basse	[mare bas]
restinga (f)	banc (m) de sable	[bã də sabl]
fundo (m)	fond (m)	[fɔ̃]

onda (f)	vague (f)	[vag]
crista (f) da onda	crête (f) de la vague	[krɛt də la vag]
espuma (f)	mousse (f)	[mus]

tempestade (f)	tempête (f) en mer	[tɑ̃pɛt ɑ̃mɛr]
furacão (m)	ouragan (m)	[uragɑ̃]
tsunami (m)	tsunami (m)	[tsynami]
calmaria (f)	calme (m)	[kalm]
calmo	calme (adj)	[kalm]

| polo (m) | pôle (m) | [pol] |
| polar | polaire (adj) | [pɔlɛr] |

latitude (f)	latitude (f)	[latityd]
longitude (f)	longitude (f)	[lɔ̃ʒityd]
paralela (f)	parallèle (f)	[paralɛl]
equador (m)	équateur (m)	[ekwatœr]

céu (m)	ciel (m)	[sjɛl]
horizonte (m)	horizon (m)	[ɔrizɔ̃]
ar (m)	air (m)	[ɛr]

farol (m)	phare (m)	[far]
mergulhar (vi)	plonger (vi)	[plɔ̃ʒe]
afundar-se (vr)	sombrer (vi)	[sɔ̃bre]
tesouros (m pl)	trésor (m)	[trezɔr]

78. Nomes de Mares e Oceanos

Oceano (m) Atlântico	océan (m) Atlantique	[ɔseɑn atlɑ̃tik]
Oceano (m) Índico	océan (m) Indien	[ɔseɑn ɛ̃djɛ̃]
Oceano (m) Pacífico	océan (m) Pacifique	[ɔseɑ̃ pasifik]
Oceano (m) Ártico	océan (m) Glacial	[ɔseɑ̃ glasjal]

Mar (m) Negro	mer (f) Noire	[mɛr nwar]
Mar (m) Vermelho	mer (f) Rouge	[mɛr ruʒ]
Mar (m) Amarelo	mer (f) Jaune	[mɛr ʒon]
Mar (m) Branco	mer (f) Blanche	[mɛr blɑ̃ʃ]

Mar (m) Cáspio	mer (f) Caspienne	[mɛr kaspjɛn]
Mar (m) Morto	mer (f) Morte	[mɛr mɔrt]
Mar (m) Mediterrâneo	mer (f) Méditerranée	[mɛr meditɛrane]

| Mar (m) Egeu | mer (f) Égée | [mɛr eʒe] |
| Mar (m) Adriático | mer (f) Adriatique | [mɛr adrijatik] |

| Mar (m) Arábico | mer (f) Arabique | [mɛr arabik] |
| Mar (m) do Japão | mer (f) du Japon | [mɛr dy ʒapɔ̃] |

| Mar (m) de Bering | mer (f) de Béring | [mɛr də beriŋ] |
| Mar (m) da China Meridional | mer (f) de Chine Méridionale | [mɛr də ʃin meridjɔnal] |

Mar (m) de Coral	mer (f) de Corail	[mɛr də kɔraj]
Mar (m) de Tasman	mer (f) de Tasman	[mɛr də tasman]
Mar (m) do Caribe	mer (f) Caraïbe	[mɛr karaib]

| Mar (m) de Barents | mer (f) de Barents | [mɛr də barɛ̃s] |
| Mar (m) de Kara | mer (f) de Kara | [mɛr də kara] |

Mar (m) do Norte	mer (f) du Nord	[mɛr dy nɔr]
Mar (m) Báltico	mer (f) Baltique	[mɛr baltik]
Mar (m) da Noruega	mer (f) de Norvège	[mɛr də nɔrvɛʒ]

79. Montanhas

montanha (f)	montagne (f)	[mõtaɲ]
cordilheira (f)	chaîne (f) de montagnes	[ʃɛn də mõtaɲ]
serra (f)	crête (f)	[krɛt]

cume (m)	sommet (m)	[sɔmɛ]
pico (m)	pic (m)	[pik]
sopé (m)	pied (m)	[pje]
declive (m)	pente (f)	[pãt]

vulcão (m)	volcan (m)	[vɔlkã]
vulcão (m) ativo	volcan (m) actif	[vɔlkɑn aktif]
vulcão (m) extinto	volcan (m) éteint	[vɔlkɑn etɛ̃]

erupção (f)	éruption (f)	[erypsjõ]
cratera (f)	cratère (m)	[kratɛr]
magma (m)	magma (m)	[magma]
lava (f)	lave (f)	[lav]
fundido (lava ~a)	en fusion	[ã fyzjõ]

desfiladeiro (m)	canyon (m)	[kanjõ]
garganta (f)	défilé (m)	[defile]
fenda (f)	crevasse (f)	[krəvas]
precipício (m)	précipice (m)	[presipis]

passo, colo (m)	col (m)	[kɔl]
planalto (m)	plateau (m)	[plato]
falésia (f)	rocher (m)	[rɔʃe]
colina (f)	colline (f)	[kɔlin]

glaciar (m)	glacier (m)	[glasje]
queda (f) d'água	chute (f) d'eau	[ʃyt do]
géiser (m)	geyser (m)	[ʒɛzɛr]
lago (m)	lac (m)	[lak]

planície (f)	plaine (f)	[plɛn]
paisagem (f)	paysage (m)	[peizaʒ]
eco (m)	écho (m)	[eko]
alpinista (m)	alpiniste (m)	[alpinist]

escalador (m)	varappeur (m)	[varapœr]
conquistar (vt)	conquérir (vt)	[kɔ̃kerir]
subida, escalada (f)	ascension (f)	[asɑ̃sjɔ̃]

80. Nomes de montanhas

Alpes (m pl)	Alpes (f pl)	[alp]
monte Branco (m)	Mont Blanc (m)	[mɔ̃blɑ̃]
Pirineus (m pl)	Pyrénées (f pl)	[pirene]

Cárpatos (m pl)	Carpates (f pl)	[karpat]
montes (m pl) Urais	Monts Oural (m pl)	[mɔ̃ ural]
Cáucaso (m)	Caucase (m)	[kokaz]
Elbrus (m)	Elbrous (m)	[ɛlbrys]

Altai (m)	Altaï (m)	[altaj]
Tian Shan (m)	Tian Chan (m)	[tjɑ̃ ʃɑ̃]
Pamir (m)	Pamir (m)	[pamir]
Himalaias (m pl)	Himalaya (m)	[imalaja]
monte (m) Everest	Everest (m)	[evrɛst]

| Cordilheira (f) dos Andes | Andes (f pl) | [ɑ̃d] |
| Kilimanjaro (m) | Kilimandjaro (m) | [kilimɑ̃dʒaro] |

81. Rios

rio (m)	rivière (f), fleuve (m)	[rivjɛr], [flœv]
fonte, nascente (f)	source (f)	[surs]
leito (m) do rio	lit (m)	[li]
bacia (f)	bassin (m)	[basɛ̃]
desaguar no ...	se jeter dans ...	[sə ʒəte dɑ̃]

| afluente (m) | affluent (m) | [aflyɑ̃] |
| margem (do rio) | rive (f) | [riv] |

corrente (f)	courant (m)	[kurɑ̃]
rio abaixo	en aval	[an aval]
rio acima	en amont	[an amɔ̃]

inundação (f)	inondation (f)	[inɔ̃dasjɔ̃]
cheia (f)	les grandes crues	[le grɑ̃d kry]
transbordar (vi)	déborder (vt)	[debɔrde]
inundar (vt)	inonder (vt)	[inɔ̃de]

| banco (m) de areia | bas-fond (m) | [bafɔ̃] |
| rápidos (m pl) | rapide (m) | [rapid] |

barragem (f)	barrage (m)	[baraʒ]
canal (m)	canal (m)	[kanal]
reservatório (m) de água	lac (m) de barrage	[lak də baraʒ]
eclusa (f)	écluse (f)	[eklyz]
corpo (m) de água	plan (m) d'eau	[plɑ̃ do]

pântano (m)	marais (m)	[marɛ]
tremedal (m)	fondrière (f)	[fɔ̃drijɛr]
remoinho (m)	tourbillon (m)	[turbijɔ̃]
arroio, regato (m)	ruisseau (m)	[rɥiso]
potável	potable (adj)	[pɔtabl]
doce (água)	douce (adj)	[dus]
gelo (m)	glace (f)	[glas]
congelar-se (vr)	être gelé	[ɛtr ʒəle]

82. Nomes de rios

rio Sena (m)	Seine (f)	[sɛn]
rio Loire (m)	Loire (f)	[lwar]
rio Tamisa (m)	Tamise (f)	[tamiz]
rio Reno (m)	Rhin (m)	[rɛ̃]
rio Danúbio (m)	Danube (m)	[danyb]
rio Volga (m)	Volga (f)	[vɔlga]
rio Don (m)	Don (m)	[dɔ̃]
rio Lena (m)	Lena (f)	[lena]
rio Amarelo (m)	Huang He (m)	[waŋ e]
rio Yangtzé (m)	Yangzi Jiang (m)	[jɑ̃gzijɑ̃g]
rio Mekong (m)	Mékong (m)	[mekɔ̃g]
rio Ganges (m)	Gange (m)	[gɑ̃ʒ]
rio Nilo (m)	Nil (m)	[nil]
rio Congo (m)	Congo (m)	[kɔ̃go]
rio Cubango (m)	Okavango (m)	[ɔkavango]
rio Zambeze (m)	Zambèze (m)	[zɑ̃bɛz]
rio Limpopo (m)	Limpopo (m)	[limpopo]
rio Mississípi (m)	Mississippi (m)	[misisipi]

83. Floresta

floresta (f), bosque (m)	forêt (f)	[fɔrɛ]
florestal	forestier (adj)	[fɔrɛstje]
mata (f) cerrada	fourré (m)	[fure]
arvoredo (m)	bosquet (m)	[bɔskɛ]
clareira (f)	clairière (f)	[klɛrjɛr]
matagal (m)	broussailles (f pl)	[brusaj]
mato (m)	taillis (m)	[taji]
vereda (f)	sentier (m)	[sɑ̃tje]
ravina (f)	ravin (m)	[ravɛ̃]
árvore (f)	arbre (m)	[arbr]
folha (f)	feuille (f)	[fœj]

folhagem (f)	feuillage (m)	[fœjaʒ]
queda (f) das folhas	chute (f) de feuilles	[ʃyt də fœj]
cair (vi)	tomber (vi)	[tɔ̃be]
topo (m)	sommet (m)	[sɔmɛ]

ramo (m)	rameau (m)	[ramo]
galho (m)	branche (f)	[brɑ̃ʃ]
botão, rebento (m)	bourgeon (m)	[burʒɔ̃]
agulha (f)	aiguille (f)	[egɥij]
pinha (f)	pomme (f) de pin	[pɔm də pɛ̃]

buraco (m) de árvore	creux (m)	[krø]
ninho (m)	nid (m)	[ni]
toca (f)	terrier (m)	[tɛrje]

tronco (m)	tronc (m)	[trɔ̃]
raiz (f)	racine (f)	[rasin]
casca (f) de árvore	écorce (f)	[ekɔrs]
musgo (m)	mousse (f)	[mus]

arrancar pela raiz	déraciner (vt)	[derasine]
cortar (vt)	abattre (vt)	[abatr]
desflorestar (vt)	déboiser (vt)	[debwaze]
toco, cepo (m)	souche (f)	[suʃ]

fogueira (f)	feu (m) de bois	[fø də bwa]
incêndio (m) florestal	incendie (m)	[ɛ̃sɑ̃di]
apagar (vt)	éteindre (vt)	[etɛ̃dr]

guarda-florestal (m)	garde (m) forestier	[gard fɔrɛstje]
proteção (f)	protection (f)	[prɔtɛksjɔ̃]
proteger (a natureza)	protéger (vt)	[prɔteʒe]
caçador (m) furtivo	braconnier (m)	[brakɔnje]
armadilha (f)	piège (m) à mâchoires	[pjɛʒ a maʃwar]

| colher (cogumelos, bagas) | cueillir (vt) | [kœjir] |
| perder-se (vr) | s'égarer (vp) | [segare] |

84. Recursos naturais

recursos (m pl) naturais	ressources (f pl) naturelles	[rəsurs natyrɛl]
minerais (m pl)	minéraux (m pl)	[minero]
depósitos (m pl)	gisement (m)	[ʒizmɑ̃]
jazida (f)	champ (m)	[ʃɑ̃]

extrair (vt)	extraire (vt)	[ɛkstrɛr]
extração (f)	extraction (f)	[ɛkstraksjɔ̃]
minério (m)	minerai (m)	[minrɛ]
mina (f)	mine (f)	[min]
poço (m) de mina	puits (m) de mine	[pɥi də min]
mineiro (m)	mineur (m)	[minœr]

| gás (m) | gaz (m) | [gaz] |
| gasoduto (m) | gazoduc (m) | [gazɔdyk] |

petróleo (m)	pétrole (m)	[petrɔl]
oleoduto (m)	pipeline (m)	[piplin]
poço (m) de petróleo	tour (f) de forage	[tur də fɔraʒ]
torre (f) petrolífera	derrick (m)	[derik]
petroleiro (m)	pétrolier (m)	[petrɔlje]

areia (f)	sable (m)	[sabl]
calcário (m)	calcaire (m)	[kalkɛr]
cascalho (m)	gravier (m)	[gravje]
turfa (f)	tourbe (f)	[turb]
argila (f)	argile (f)	[arʒil]
carvão (m)	charbon (m)	[ʃarbɔ̃]

ferro (m)	fer (m)	[fɛr]
ouro (m)	or (m)	[ɔr]
prata (f)	argent (m)	[arʒɑ̃]
níquel (m)	nickel (m)	[nikɛl]
cobre (m)	cuivre (m)	[kɥivr]

zinco (m)	zinc (m)	[zɛ̃g]
manganês (m)	manganèse (m)	[mɑ̃ganɛz]
mercúrio (m)	mercure (m)	[mɛrkyr]
chumbo (m)	plomb (m)	[plɔ̃]

mineral (m)	minéral (m)	[mineral]
cristal (m)	cristal (m)	[kristal]
mármore (m)	marbre (m)	[marbr]
urânio (m)	uranium (m)	[yranjɔm]

85. Tempo

tempo (m)	temps (m)	[tɑ̃]
previsão (f) do tempo	météo (f)	[meteo]
temperatura (f)	température (f)	[tɑ̃peratyr]
termómetro (m)	thermomètre (m)	[tɛrmɔmɛtr]
barómetro (m)	baromètre (m)	[barɔmɛtr]

húmido	humide (adj)	[ymid]
humidade (f)	humidité (f)	[ymidite]
calor (m)	chaleur (f)	[ʃalœr]
cálido	torride (adj)	[tɔrid]
está muito calor	il fait très chaud	[il fɛ trɛ ʃo]

| está calor | il fait chaud | [il fɛʃo] |
| quente | chaud (adj) | [ʃo] |

| está frio | il fait froid | [il fɛ frwa] |
| frio | froid (adj) | [frwa] |

sol (m)	soleil (m)	[sɔlɛj]
brilhar (vi)	briller (vi)	[brije]
de sol, ensolarado	ensoleillé (adj)	[ɑ̃sɔleje]
nascer (vi)	se lever (vp)	[sə ləve]
pôr-se (vr)	se coucher (vp)	[sə kuʃe]

nuvem (f)	nuage (m)	[nɥaʒ]
nublado	nuageux (adj)	[nɥaʒø]
nuvem (f) preta	nuée (f)	[nɥe]
escuro, cinzento	sombre (adj)	[sõbr]

chuva (f)	pluie (f)	[plɥi]
está a chover	il pleut	[il plø]
chuvoso	pluvieux (adj)	[plyvjø]
chuviscar (vi)	bruiner (v imp)	[brɥine]

chuva (f) torrencial	pluie (f) torrentielle	[plɥi tɔrãsjɛl]
chuvada (f)	averse (f)	[avɛrs]
forte (chuva)	forte (adj)	[fɔrt]
poça (f)	flaque (f)	[flak]
molhar-se (vr)	se faire mouiller	[sə fɛr muje]

nevoeiro (m)	brouillard (m)	[brujar]
de nevoeiro	brumeux (adj)	[brymø]
neve (f)	neige (f)	[nɛʒ]
está a nevar	il neige	[il nɛʒ]

86. Tempo extremo. Catástrofes naturais

trovoada (f)	orage (m)	[ɔraʒ]
relâmpago (m)	éclair (m)	[eklɛr]
relampejar (vi)	éclater (vi)	[eklate]

trovão (m)	tonnerre (m)	[tɔnɛr]
trovejar (vi)	gronder (vi)	[grõde]
está a trovejar	le tonnerre gronde	[lə tɔnɛr grõd]

granizo (m)	grêle (f)	[grɛl]
está a cair granizo	il grêle	[il grɛl]

inundar (vt)	inonder (vt)	[inõde]
inundação (f)	inondation (f)	[inõdasjõ]

terremoto (m)	tremblement (m) de terre	[trãbləmã də tɛr]
abalo, tremor (m)	secousse (f)	[səkus]
epicentro (m)	épicentre (m)	[episãtr]

erupção (f)	éruption (f)	[erypsjõ]
lava (f)	lave (f)	[lav]

turbilhão (m)	tourbillon (m)	[turbijõ]
tornado (m)	tornade (f)	[tɔrnad]
tufão (m)	typhon (m)	[tifõ]

furacão (m)	ouragan (m)	[uragã]
tempestade (f)	tempête (f)	[tãpɛt]
tsunami (m)	tsunami (m)	[tsynami]

ciclone (m)	cyclone (m)	[siklon]
mau tempo (m)	intempéries (f pl)	[ɛ̃tãperi]

incêndio (m)	incendie (m)	[ɛ̃sãdi]
catástrofe (f)	catastrophe (f)	[katastrɔf]
meteorito (m)	météorite (m)	[meteɔrit]

avalanche (f)	avalanche (f)	[avalãʃ]
deslizamento (m) de neve	éboulement (m)	[ebulmã]
nevasca (f)	blizzard (m)	[blizar]
tempestade (f) de neve	tempête (f) de neige	[tãpɛt də nɛʒ]

FAUNA

87. Mamíferos. Predadores

predador (m)	**prédateur** (m)	[predatœr]
tigre (m)	**tigre** (m)	[tigr]
leão (m)	**lion** (m)	[ljɔ̃]
lobo (m)	**loup** (m)	[lu]
raposa (f)	**renard** (m)	[rənar]
jaguar (m)	**jaguar** (m)	[ʒagwar]
leopardo (m)	**léopard** (m)	[leɔpar]
chita (f)	**guépard** (m)	[gepar]
pantera (f)	**panthère** (f)	[pɑ̃tɛr]
puma (m)	**puma** (m)	[pyma]
leopardo-das-neves (m)	**léopard** (m) **de neiges**	[leɔpar də nɛʒ]
lince (m)	**lynx** (m)	[lɛ̆ks]
coiote (m)	**coyote** (m)	[kɔjɔt]
chacal (m)	**chacal** (m)	[ʃakal]
hiena (f)	**hyène** (f)	[jɛn]

88. Animais selvagens

animal (m)	**animal** (m)	[animal]
besta (f)	**bête** (f)	[bɛt]
esquilo (m)	**écureuil** (m)	[ekyrœj]
ouriço (m)	**hérisson** (m)	[erisɔ̃]
lebre (f)	**lièvre** (m)	[ljɛvr]
coelho (m)	**lapin** (m)	[lapɛ̃]
texugo (m)	**blaireau** (m)	[blɛro]
guaxinim (m)	**raton** (m)	[ratɔ̃]
hamster (m)	**hamster** (m)	[amstɛr]
marmota (f)	**marmotte** (f)	[marmɔt]
toupeira (f)	**taupe** (f)	[top]
rato (m)	**souris** (f)	[suri]
ratazana (f)	**rat** (m)	[ra]
morcego (m)	**chauve-souris** (f)	[ʃovsuri]
arminho (m)	**hermine** (f)	[ɛrmin]
zibelina (f)	**zibeline** (f)	[ziblin]
marta (f)	**martre** (f)	[martr]
doninha (f)	**belette** (f)	[bəlɛt]
vison (m)	**vison** (m)	[vizɔ̃]

| castor (m) | castor (m) | [kastɔr] |
| lontra (f) | loutre (f) | [lutr] |

cavalo (m)	cheval (m)	[ʃəval]
alce (m)	élan (m)	[elɑ̃]
veado (m)	cerf (m)	[sɛr]
camelo (m)	chameau (m)	[ʃamo]

bisão (m)	bison (m)	[bizɔ̃]
auroque (m)	aurochs (m)	[orɔk]
búfalo (m)	buffle (m)	[byfl]

zebra (f)	zèbre (m)	[zɛbr]
antílope (m)	antilope (f)	[ɑ̃tilɔp]
corça (f)	chevreuil (m)	[ʃəvrœj]
gamo (m)	biche (f)	[biʃ]
camurça (f)	chamois (m)	[ʃamwa]
javali (m)	sanglier (m)	[sɑ̃glije]

baleia (f)	baleine (f)	[balɛn]
foca (f)	phoque (m)	[fɔk]
morsa (f)	morse (m)	[mɔrs]
urso-marinho (m)	ours (m) de mer	[urs də mɛr]
golfinho (m)	dauphin (m)	[dofɛ̃]

urso (m)	ours (m)	[urs]
urso (m) branco	ours (m) blanc	[urs blɑ̃]
panda (m)	panda (m)	[pɑ̃da]

macaco (em geral)	singe (m)	[sɛ̃ʒ]
chimpanzé (m)	chimpanzé (m)	[ʃɛ̃pɑ̃ze]
orangotango (m)	orang-outang (m)	[ɔrɑ̃utɑ̃]
gorila (m)	gorille (m)	[gɔrij]
macaco (m)	macaque (m)	[makak]
gibão (m)	gibbon (m)	[ʒibɔ̃]

elefante (m)	éléphant (m)	[elefɑ̃]
rinoceronte (m)	rhinocéros (m)	[rinɔserɔs]
girafa (f)	girafe (f)	[ʒiraf]
hipopótamo (m)	hippopotame (m)	[ipɔpotam]

| canguru (m) | kangourou (m) | [kɑ̃guru] |
| coala (m) | koala (m) | [kɔala] |

mangusto (m)	mangouste (f)	[mɑ̃gust]
chinchila (m)	chinchilla (m)	[ʃɛ̃ʃila]
doninha-fedorenta (f)	mouffette (f)	[mufɛt]
porco-espinho (m)	porc-épic (m)	[pɔrkepik]

89. Animais domésticos

gata (f)	chat (m)	[ʃa]
gato (m) macho	chat (m)	[ʃa]
cão (m)	chien (m)	[ʃjɛ̃]

cavalo (m)	cheval (m)	[ʃəval]
garanhão (m)	étalon (m)	[etalɔ̃]
égua (f)	jument (f)	[ʒymɑ̃]

vaca (f)	vache (f)	[vaʃ]
touro (m)	taureau (m)	[tɔro]
boi (m)	bœuf (m)	[bœf]

ovelha (f)	brebis (f)	[brəbi]
carneiro (m)	mouton (m)	[mutɔ̃]
cabra (f)	chèvre (f)	[ʃɛvr]
bode (m)	bouc (m)	[buk]

burro (m)	âne (m)	[ɑn]
mula (f)	mulet (m)	[mylɛ]

porco (m)	cochon (m)	[kɔʃɔ̃]
leitão (m)	pourceau (m)	[purso]
coelho (m)	lapin (m)	[lapɛ̃]

galinha (f)	poule (f)	[pul]
galo (m)	coq (m)	[kɔk]

pata (f)	canard (m)	[kanar]
pato (macho)	canard (m) mâle	[kanar mal]
ganso (m)	oie (f)	[wa]

peru (m)	dindon (m)	[dɛ̃dɔ̃]
perua (f)	dinde (f)	[dɛ̃d]

animais (m pl) domésticos	animaux (m pl) domestiques	[animo dɔmɛstik]
domesticado	apprivoisé (adj)	[aprivwaze]
domesticar (vt)	apprivoiser (vt)	[aprivwaze]
criar (vt)	élever (vt)	[elve]

quinta (f)	ferme (f)	[fɛrm]
aves (f pl) domésticas	volaille (f)	[vɔlaj]
gado (m)	bétail (m)	[betaj]
rebanho (m), manada (f)	troupeau (m)	[trupo]

estábulo (m)	écurie (f)	[ekyri]
pocilga (f)	porcherie (f)	[pɔrʃəri]
estábulo (m)	vacherie (f)	[vaʃri]
coelheira (f)	cabane (f) à lapins	[kaban a lapɛ̃]
galinheiro (m)	poulailler (m)	[pulaje]

90. Pássaros

pássaro (m), ave (f)	oiseau (m)	[wazo]
pombo (m)	pigeon (m)	[piʒɔ̃]
pardal (m)	moineau (m)	[mwano]
chapim-real (m)	mésange (f)	[mezɑ̃ʒ]
pega-rabuda (f)	pie (f)	[pi]
corvo (m)	corbeau (m)	[kɔrbo]

gralha (f) cinzenta	corneille (f)	[kɔrnɛj]
gralha-de-nuca-cinzenta (f)	choucas (m)	[ʃuka]
gralha-calva (f)	freux (m)	[frø]
pato (m)	canard (m)	[kanar]
ganso (m)	oie (f)	[wa]
faisão (m)	faisan (m)	[fəzɑ̃]
águia (f)	aigle (m)	[ɛgl]
açor (m)	épervier (m)	[epɛrvje]
falcão (m)	faucon (m)	[fokɔ̃]
abutre (m)	vautour (m)	[votur]
condor (m)	condor (m)	[kɔ̃dɔr]
cisne (m)	cygne (m)	[siɲ]
grou (m)	grue (f)	[gry]
cegonha (f)	cigogne (f)	[sigɔɲ]
papagaio (m)	perroquet (m)	[perɔkɛ]
beija-flor (m)	colibri (m)	[kɔlibri]
pavão (m)	paon (m)	[pɑ̃]
avestruz (m)	autruche (f)	[otryʃ]
garça (f)	héron (m)	[erɔ̃]
flamingo (m)	flamant (m)	[flamɑ̃]
pelicano (m)	pélican (m)	[pelikɑ̃]
rouxinol (m)	rossignol (m)	[rɔsiɲɔl]
andorinha (f)	hirondelle (f)	[irɔ̃dɛl]
tordo-zornal (m)	merle (m)	[mɛrl]
tordo-músico (m)	grive (f)	[griv]
melro-preto (m)	merle (m) noir	[mɛrl nwar]
andorinhão (m)	martinet (m)	[martinɛ]
cotovia (f)	alouette (f) des champs	[alwɛt de ʃɑ̃]
codorna (f)	caille (f)	[kaj]
pica-pau (m)	pivert (m)	[pivɛr]
cuco (m)	coucou (m)	[kuku]
coruja (f)	chouette (f)	[ʃwɛt]
corujão, bufo (m)	hibou (m)	[ibu]
tetraz-grande (m)	tétras (m)	[tetra]
tetraz-lira (m)	tétras-lyre (m)	[tetralir]
perdiz-cinzenta (f)	perdrix (f)	[pɛrdri]
estorninho (m)	étourneau (m)	[eturno]
canário (m)	canari (m)	[kanari]
galinha-do-mato (f)	gélinotte (f) des bois	[ʒelinɔt də bwa]
tentilhão (m)	pinson (m)	[pɛ̃sɔ̃]
dom-fafe (m)	bouvreuil (m)	[buvrœj]
gaivota (f)	mouette (f)	[mwɛt]
albatroz (m)	albatros (m)	[albatros]
pinguim (m)	pingouin (m)	[pɛ̃gwɛ̃]

91. Peixes. Animais marinhos

brema (f)	brème (f)	[brɛm]
carpa (f)	carpe (f)	[karp]
perca (f)	perche (f)	[pɛrʃ]
siluro (m)	silure (m)	[silyr]
lúcio (m)	brochet (m)	[brɔʃɛ]
salmão (m)	saumon (m)	[somõ]
esturjão (m)	esturgeon (m)	[ɛstyrʒõ]
arenque (m)	hareng (m)	[arã]
salmão (m)	saumon (m) atlantique	[somõ atlãtik]
cavala, sarda (f)	maquereau (m)	[makro]
solha (f)	flet (m)	[flɛ]
lúcio perca (m)	sandre (f)	[sãdr]
bacalhau (m)	morue (f)	[mɔry]
atum (m)	thon (m)	[tõ]
truta (f)	truite (f)	[trɥit]
enguia (f)	anguille (f)	[ãgij]
raia elétrica (f)	torpille (f)	[tɔrpij]
moreia (f)	murène (f)	[myrɛn]
piranha (f)	piranha (m)	[piraɲa]
tubarão (m)	requin (m)	[rəkɛ̃]
golfinho (m)	dauphin (m)	[dofɛ̃]
baleia (f)	baleine (f)	[balɛn]
caranguejo (m)	crabe (m)	[krab]
medusa, alforreca (f)	méduse (f)	[medyz]
polvo (m)	pieuvre (f), poulpe (m)	[pjœvr], [pulp]
estrela-do-mar (f)	étoile (f) de mer	[etwal də mɛr]
ouriço-do-mar (m)	oursin (m)	[ursɛ̃]
cavalo-marinho (m)	hippocampe (m)	[ipɔkãp]
ostra (f)	huître (f)	[ɥitr]
camarão (m)	crevette (f)	[krəvɛt]
lavagante (m)	homard (m)	[ɔmar]
lagosta (f)	langoustine (f)	[lãgustin]

92. Amfíbios. Répteis

serpente, cobra (f)	serpent (m)	[sɛrpã]
venenoso	venimeux (adj)	[vənimø]
víbora (f)	vipère (f)	[vipɛr]
cobra-capelo, naja (f)	cobra (m)	[kɔbra]
pitão (m)	python (m)	[pitõ]
jiboia (f)	boa (m)	[bɔa]
cobra-de-água (f)	couleuvre (f)	[kulœvr]

cascavel (f)	serpent (m) à sonnettes	[sɛrpɑ̃ a sɔnɛt]
anaconda (f)	anaconda (m)	[anakɔ̃da]
lagarto (m)	lézard (m)	[lezar]
iguana (f)	iguane (m)	[igwan]
varano (m)	varan (m)	[varɑ̃]
salamandra (f)	salamandre (f)	[salamɑ̃dr]
camaleão (m)	caméléon (m)	[kameleɔ̃]
escorpião (m)	scorpion (m)	[skɔrpjɔ̃]
tartaruga (f)	tortue (f)	[tɔrty]
rã (f)	grenouille (f)	[grənuj]
sapo (m)	crapaud (m)	[krapo]
crocodilo (m)	crocodile (m)	[krɔkɔdil]

93. Insetos

inseto (m)	insecte (m)	[ɛ̃sɛkt]
borboleta (f)	papillon (m)	[papijɔ̃]
formiga (f)	fourmi (f)	[furmi]
mosca (f)	mouche (f)	[muʃ]
mosquito (m)	moustique (m)	[mustik]
escaravelho (m)	scarabée (m)	[skarabe]
vespa (f)	guêpe (f)	[gɛp]
abelha (f)	abeille (f)	[abɛj]
mamangava (f)	bourdon (m)	[burdɔ̃]
moscardo (m)	œstre (m)	[ɛstr]
aranha (f)	araignée (f)	[areɲe]
teia (f) de aranha	toile (f) d'araignée	[twal dareɲe]
libélula (f)	libellule (f)	[libelyl]
gafanhoto-do-campo (m)	sauterelle (f)	[sotrɛl]
traça (f)	papillon (m)	[papijɔ̃]
barata (f)	cafard (m)	[kafar]
carraça (f)	tique (f)	[tik]
pulga (f)	puce (f)	[pys]
borrachudo (m)	moucheron (m)	[muʃrɔ̃]
gafanhoto (m)	criquet (m)	[krikɛ]
caracol (m)	escargot (m)	[ɛskargo]
grilo (m)	grillon (m)	[grijɔ̃]
pirilampo (m)	luciole (f)	[lysjɔl]
joaninha (f)	coccinelle (f)	[kɔksinɛl]
besouro (m)	hanneton (m)	[antɔ̃]
sanguessuga (f)	sangsue (f)	[sɑ̃sy]
lagarta (f)	chenille (f)	[ʃənij]
minhoca (f)	ver (m)	[vɛr]
larva (f)	larve (f)	[larv]

FLORA

94. Árvores

árvore (f)	arbre (m)	[arbr]
decídua	à feuilles caduques	[a fœj kadyk]
conífera	conifère (adj)	[kɔnifɛr]
perene	à feuilles persistantes	[a fœj pɛrsistãt]
macieira (f)	pommier (m)	[pɔmje]
pereira (f)	poirier (m)	[pwarje]
cerejeira (f)	merisier (m)	[mərizje]
ginjeira (f)	cerisier (m)	[sərizje]
ameixeira (f)	prunier (m)	[prynje]
bétula (f)	bouleau (m)	[bulo]
carvalho (m)	chêne (m)	[ʃɛn]
tília (f)	tilleul (m)	[tijœl]
choupo-tremedor (m)	tremble (m)	[trãbl]
bordo (m)	érable (m)	[erabl]
espruce-europeu (m)	épicéa (m)	[episea]
pinheiro (m)	pin (m)	[pɛ̃]
alerce, lariço (m)	mélèze (m)	[melɛz]
abeto (m)	sapin (m)	[sapɛ̃]
cedro (m)	cèdre (m)	[sɛdr]
choupo, álamo (m)	peuplier (m)	[pøplije]
tramazeira (f)	sorbier (m)	[sɔrbje]
salgueiro (m)	saule (m)	[sol]
amieiro (m)	aune (m)	[on]
faia (f)	hêtre (m)	[ɛtr]
ulmeiro (m)	orme (m)	[ɔrm]
freixo (m)	frêne (m)	[frɛn]
castanheiro (m)	marronnier (m)	[marɔnje]
magnólia (f)	magnolia (m)	[maɲɔlja]
palmeira (f)	palmier (m)	[palmje]
cipreste (m)	cyprès (m)	[siprɛ]
mangue (m)	palétuvier (m)	[paletyvje]
embondeiro, baobá (m)	baobab (m)	[baɔbab]
eucalipto (m)	eucalyptus (m)	[økaliptys]
sequoia (f)	séquoia (m)	[sekɔja]

95. Arbustos

arbusto (m)	buisson (m)	[bɥisõ]
arbusto (m), moita (f)	arbrisseau (m)	[arbriso]

| videira (f) | vigne (f) | [viɲ] |
| vinhedo (m) | vigne (f) | [viɲ] |

framboeseira (f)	framboise (f)	[frãbwaz]
groselheira-preta (f)	cassis (m)	[kasis]
groselheira-vermelha (f)	groseille (f) rouge	[grozɛj ruʒ]
groselheira (f) espinhosa	groseille (f) verte	[grozɛj vɛrt]

acácia (f)	acacia (m)	[akasja]
bérberis (f)	berbéris (m)	[bɛrberis]
jasmim (m)	jasmin (m)	[ʒasmɛ̃]

junípero (m)	genévrier (m)	[ʒənevrije]
roseira (f)	rosier (m)	[rozje]
roseira (f) brava	églantier (m)	[eglãtje]

96. Frutos. Bagas

fruta (f)	fruit (m)	[frʉi]
frutas (f pl)	fruits (m pl)	[frʉi]
maçã (f)	pomme (f)	[pɔm]
pera (f)	poire (f)	[pwar]
ameixa (f)	prune (f)	[pryn]

morango (m)	fraise (f)	[frɛz]
ginja (f)	cerise (f)	[səriz]
cereja (f)	merise (f)	[məriz]
uva (f)	raisin (m)	[rɛzɛ̃]

framboesa (f)	framboise (f)	[frãbwaz]
groselha (f) preta	cassis (m)	[kasis]
groselha (f) vermelha	groseille (f) rouge	[grozɛj ruʒ]
groselha (f) espinhosa	groseille (f) verte	[grozɛj vɛrt]
oxicoco (m)	canneberge (f)	[kanbɛrʒ]

laranja (f)	orange (f)	[ɔrãʒ]
tangerina (f)	mandarine (f)	[mãdarin]
ananás (m)	ananas (m)	[anana]

| banana (f) | banane (f) | [banan] |
| tâmara (f) | datte (f) | [dat] |

limão (m)	citron (m)	[sitrõ]
damasco (m)	abricot (m)	[abriko]
pêssego (m)	pêche (f)	[pɛʃ]

| kiwi (m) | kiwi (m) | [kiwi] |
| toranja (f) | pamplemousse (m) | [pãpləmus] |

baga (f)	baie (f)	[bɛ]
bagas (f pl)	baies (f pl)	[bɛ]
arando (m) vermelho	airelle (f) rouge	[ɛrɛl ruʒ]
morango-silvestre (m)	fraise (f) des bois	[frɛz de bwa]
mirtilo (m)	myrtille (f)	[mirtij]

97. Flores. Plantas

| flor (f) | fleur (f) | [flœr] |
| ramo (m) de flores | bouquet (m) | [bukɛ] |

rosa (f)	rose (f)	[roz]
tulipa (f)	tulipe (f)	[tylip]
cravo (m)	oeillet (m)	[œjɛ]
gladíolo (m)	glaïeul (m)	[glajœl]

centáurea (f)	bleuet (m)	[bløɛ]
campânula (f)	campanule (f)	[kɑ̃panyl]
dente-de-leão (m)	dent-de-lion (f)	[dɑ̃dəljɔ̃]
camomila (f)	marguerite (f)	[margərit]

aloé (m)	aloès (m)	[alɔɛs]
cato (m)	cactus (m)	[kaktys]
fícus (m)	ficus (m)	[fikys]

lírio (m)	lis (m)	[li]
gerânio (m)	géranium (m)	[ʒeranjɔm]
jacinto (m)	jacinthe (f)	[ʒasɛ̃t]

mimosa (f)	mimosa (m)	[mimɔza]
narciso (m)	jonquille (f)	[ʒɔ̃kij]
capuchinha (f)	capucine (f)	[kapysin]

orquídea (f)	orchidée (f)	[ɔrkide]
peónia (f)	pivoine (f)	[pivwan]
violeta (f)	violette (f)	[vjɔlɛt]

amor-perfeito (m)	pensée (f)	[pɑ̃se]
não-me-esqueças (m)	myosotis (m)	[mjɔzɔtis]
margarida (f)	pâquerette (f)	[pɑkrɛt]

papoula (f)	coquelicot (m)	[kɔkliko]
cânhamo (m)	chanvre (m)	[ʃɑ̃vr]
hortelã (f)	menthe (f)	[mɑ̃t]

| lírio-do-vale (m) | muguet (m) | [mygɛ] |
| campânula-branca (f) | perce-neige (f) | [pɛrsənɛʒ] |

urtiga (f)	ortie (f)	[ɔrti]
azeda (f)	oseille (f)	[ozɛj]
nenúfar (m)	nénuphar (m)	[nenyfar]
feto (m), samambaia (f)	fougère (f)	[fuʒɛr]
líquen (m)	lichen (m)	[likɛn]

estufa (f)	serre (f) tropicale	[sɛr trɔpikal]
relvado (m)	gazon (m)	[gazɔ̃]
canteiro (m) de flores	parterre (m) de fleurs	[partɛr də flœr]

planta (f)	plante (f)	[plɑ̃t]
erva (f)	herbe (f)	[ɛrb]
folha (f) de erva	brin (m) d'herbe	[brɛ̃ dɛrb]

folha (f)	feuille (f)	[fœj]
pétala (f)	pétale (m)	[petal]
talo (m)	tige (f)	[tiʒ]
tubérculo (m)	tubercule (m)	[tybɛrkyl]

| broto, rebento (m) | pousse (f) | [pus] |
| espinho (m) | épine (f) | [epin] |

florescer (vi)	fleurir (vi)	[flœrir]
murchar (vi)	se faner (vp)	[sə fane]
cheiro (m)	odeur (f)	[ɔdœr]
cortar (flores)	couper (vt)	[kupe]
colher (uma flor)	cueillir (vt)	[kœjir]

98. Cereais, grãos

grão (m)	grains (m pl)	[grɛ̃]
cereais (plantas)	céréales (f pl)	[sereal]
espiga (f)	épi (m)	[epi]

trigo (m)	blé (m)	[ble]
centeio (m)	seigle (m)	[sɛgl]
aveia (f)	avoine (f)	[avwan]
milho-miúdo (m)	millet (m)	[mijɛ]
cevada (f)	orge (f)	[ɔrʒ]

milho (m)	maïs (m)	[mais]
arroz (m)	riz (m)	[ri]
trigo-sarraceno (m)	sarrasin (m)	[sarazɛ̃]

ervilha (f)	pois (m)	[pwa]
feijão (m)	haricot (m)	[ariko]
soja (f)	soja (m)	[sɔʒa]
lentilha (f)	lentille (f)	[lãtij]

PAÍSES DO MUNDO

99. Países. Parte 1

Afeganistão (m)	Afghanistan (m)	[afganistã]
África do Sul (f)	République (f) Sud-africaine	[repyblik sydafrikɛn]
Albânia (f)	Albanie (f)	[albani]
Alemanha (f)	Allemagne (f)	[almaɲ]
Arábia (f) Saudita	Arabie (f) Saoudite	[arabi saudit]
Argentina (f)	Argentine (f)	[arʒãtin]
Arménia (f)	Arménie (f)	[armeni]

Austrália (f)	Australie (f)	[ostrali]
Áustria (f)	Autriche (f)	[otriʃ]
Azerbaijão (m)	Azerbaïdjan (m)	[azɛrbajdʒã]
Bahamas (f pl)	Bahamas (f pl)	[baamas]
Bangladesh (m)	Bangladesh (m)	[bãgladɛʃ]
Bélgica (f)	Belgique (f)	[bɛlʒik]
Bielorrússia (f)	Biélorussie (f)	[bjelɔrysi]

Bolívia (f)	Bolivie (f)	[bɔlivi]
Bósnia e Herzegovina (f)	Bosnie (f)	[bɔsni]
Brasil (m)	Brésil (m)	[brezil]
Bulgária (f)	Bulgarie (f)	[bylgari]
Camboja (f)	Cambodge (m)	[kãbɔdʒ]
Canadá (m)	Canada (m)	[kanada]
Cazaquistão (m)	Kazakhstan (m)	[kazakstã]
Chile (m)	Chili (m)	[ʃili]
China (f)	Chine (f)	[ʃin]
Chipre (m)	Chypre (m)	[ʃipr]
Colômbia (f)	Colombie (f)	[kɔlõbi]
Coreia do Norte (f)	Corée (f) du Nord	[kɔre dy nɔr]
Coreia do Sul (f)	Corée (f) du Sud	[kɔre dy syd]
Croácia (f)	Croatie (f)	[krɔasi]

Cuba (f)	Cuba (f)	[kyba]
Dinamarca (f)	Danemark (m)	[danmark]
Egito (m)	Égypte (f)	[eʒipt]
Emirados Árabes Unidos	Fédération (f) des Émirats Arabes Unis	[federasjõ dezemira arabzyni]
Equador (m)	Équateur (m)	[ekwatœr]
Escócia (f)	Écosse (f)	[ekɔs]

Eslováquia (f)	Slovaquie (f)	[slɔvaki]
Eslovénia (f)	Slovénie (f)	[slɔveni]
Espanha (f)	Espagne (f)	[ɛspaɲ]
Estados Unidos da América	les États Unis	[lezeta zyni]
Estónia (f)	Estonie (f)	[ɛstɔni]
Finlândia (f)	Finlande (f)	[fɛlãd]
França (f)	France (f)	[frãs]

100. Países. Parte 2

Gana (f)	Ghana (m)	[gana]
Geórgia (f)	Géorgie (f)	[ʒeɔrʒi]
Grã-Bretanha (f)	Grande-Bretagne (f)	[grɑ̃dbrətaɲ]
Grécia (f)	Grèce (f)	[grɛs]
Haiti (m)	Haïti (m)	[aiti]
Hungria (f)	Hongrie (f)	[ɔ̃gri]
Índia (f)	Inde (f)	[ɛ̃d]

Indonésia (f)	Indonésie (f)	[ɛ̃dɔnezi]
Inglaterra (f)	Angleterre (f)	[ɑ̃glətɛr]
Irão (m)	Iran (m)	[irɑ̃]
Iraque (m)	Iraq (m)	[irak]
Irlanda (f)	Irlande (f)	[irlɑ̃d]
Islândia (f)	Islande (f)	[islɑ̃d]
Israel (m)	Israël (m)	[israɛl]

Itália (f)	Italie (f)	[itali]
Jamaica (f)	Jamaïque (f)	[ʒamaik]
Japão (m)	Japon (m)	[ʒapɔ̃]
Jordânia (f)	Jordanie (f)	[ʒɔrdani]
Kuwait (m)	Koweït (m)	[kɔwɛjt]
Laos (m)	Laos (m)	[laos]
Letónia (f)	Lettonie (f)	[lɛtɔni]

Líbano (m)	Liban (m)	[libɑ̃]
Líbia (f)	Libye (f)	[libi]
Liechtenstein (m)	Liechtenstein (m)	[liʃtɛnʃtajn]
Lituânia (f)	Lituanie (f)	[litɥani]
Luxemburgo (m)	Luxembourg (m)	[lyksɑ̃bur]
Macedónia (f)	Macédoine (f)	[masedwan]
Madagáscar (m)	Madagascar (f)	[madagaskar]

Malásia (f)	Malaisie (f)	[malɛzi]
Malta (f)	Malte (f)	[malt]
Marrocos	Maroc (m)	[marɔk]
México (m)	Mexique (m)	[mɛksik]
Myanmar (m), Birmânia (f)	Myanmar (m)	[mjanmar]
Moldávia (f)	Moldavie (f)	[mɔldavi]
Mónaco (m)	Monaco (m)	[mɔnako]

Mongólia (f)	Mongolie (f)	[mɔ̃gɔli]
Montenegro (m)	Monténégro (m)	[mɔ̃tenegro]
Namíbia (f)	Namibie (f)	[namibi]
Nepal (m)	Népal (m)	[nepal]
Noruega (f)	Norvège (f)	[nɔrvɛʒ]
Nova Zelândia (f)	Nouvelle Zélande (f)	[nuvɛl zelɑ̃d]

101. Países. Parte 3

| Países (m pl) Baixos | Pays-Bas (m) | [peiba] |
| Palestina (f) | Palestine (f) | [palɛstin] |

Panamá (m)	Panamá (m)	[panama]
Paquistão (m)	Pakistan (m)	[pakistã]
Paraguai (m)	Paraguay (m)	[paragwɛ]
Peru (m)	Pérou (m)	[peru]
Polinésia Francesa (f)	Polynésie (f) Française	[pɔlinezi frãsɛz]

Polónia (f)	Pologne (f)	[pɔlɔɲ]
Portugal (m)	Portugal (m)	[pɔrtygal]
Quénia (f)	Kenya (m)	[kenja]
Quirguistão (m)	Kirghizistan (m)	[kirgizistã]
República (f) Checa	République (f) Tchèque	[repyblik tʃɛk]
República (f) Dominicana	République (f) Dominicaine	[repyblik dɔminikɛn]
Roménia (f)	Roumanie (f)	[rumani]

Rússia (f)	Russie (f)	[rysi]
Senegal (m)	Sénégal (m)	[senegal]
Sérvia (f)	Serbie (f)	[sɛrbi]
Síria (f)	Syrie (f)	[siri]
Suécia (f)	Suède (f)	[sɥɛd]
Suíça (f)	Suisse (f)	[sɥis]
Suriname (m)	Surinam (m)	[syrinam]

Tailândia (f)	Thaïlande (f)	[tajlãd]
Taiwan (m)	Taïwan (m)	[tajwan]
Tajiquistão (m)	Tadjikistan (m)	[tadʒikistã]
Tanzânia (f)	Tanzanie (f)	[tãzani]
Tasmânia (f)	Tasmanie (f)	[tasmani]
Tunísia (f)	Tunisie (f)	[tynizi]
Turquemenistão (m)	Turkménistan (m)	[tyrkmenistã]

Turquia (f)	Turquie (f)	[tyrki]
Ucrânia (f)	Ukraine (f)	[ykrɛn]
Uruguai (m)	Uruguay (m)	[yrygwɛ]
Uzbequistão (f)	Ouzbékistan (m)	[uzbekistã]
Vaticano (m)	Vatican (m)	[vatikã]
Venezuela (f)	Venezuela (f)	[venezɥela]
Vietname (m)	Vietnam (m)	[vjɛtnam]
Zanzibar (m)	Zanzibar (m)	[zãzibar]

www.ingramcontent.com/pod-product-compliance
Lightning Source LLC
Chambersburg PA
CBHW070819050426
42452CB00011B/2100